孩子为啥跟你对着干

家庭教育中不可错过的关键沟通

郑小四———著

民主与建设出版社
·北京·

© 民主与建设出版社，2025

图书在版编目（CIP）数据

孩子为啥跟你对着干：家庭教育中不可错过的关键沟通 / 郑小四著. -- 北京：民主与建设出版社，2025.2. -- ISBN 978-7-5139-4864-7

Ⅰ.G78

中国国家版本馆 CIP 数据核字第 2025WF4628 号

孩子为啥跟你对着干：家庭教育中不可错过的关键沟通
HAIZI WEISHA GEN NI DUIZHEGAN: JIATING JIAOYU ZHONG BUKE CUOGUO DE GUANJIAN GOUTONG

著　者	郑小四
责任编辑	刘树民
封面设计	金　刚
出版发行	民主与建设出版社有限责任公司
电　话	（010）59417749　59419778
社　址	北京市朝阳区宏泰东街远洋万和南区伍号公馆4层
邮　编	100102
印　刷	文畅阁印刷有限公司
版　次	2025年2月第1版
印　次	2025年4月第1次印刷
开　本	880毫米×1230毫米　1/32
印　张	8
字　数	179千字
书　号	ISBN 978-7-5139-4864-7
定　价	59.00元

注：如有印、装质量问题，请与出版社联系。

前 言
Preface

在现实生活中,许多家长都会因为孩子"不听话"而大伤脑筋。让家长们感到困惑的是,为什么自己苦口婆心地教育孩子,只是希望孩子聪明可爱、健康成长,可孩子就是听不进去呢?

其实,问题的关键在于家长与孩子沟通时所持的态度和采用的技巧不够恰当,以至于孩子往往不服管教,甚至产生严重的逆反心理,总是和家长"对着干"。那么,父母究竟该怎样与孩子沟通,才能达到最佳的教育效果呢?

有关专家指出,沟通是相互的,只有在彼此接受的情况下才能取得良好的效果。如果只是一方努力说教,而另一方不接受,甚至排斥,那么这种沟通就是无效的。

父母一味地指责孩子"不听

话"是片面的,因为从另一个角度看,孩子"不听话"的原因是父母说的话不容易被孩子接受。孩子虽然年龄较小,但每个孩子都有自己的想法,他们也希望自己的想法能得到父母的认可。一味地指责,只会让孩子感觉父母不理解他。这样一来,孩子自然不愿与父母沟通、合作。

每个人都曾经是孩子,都有过与家长"对着干"的经历,也曾希望父母能理解自己,所以我们应该能够理解孩子的"不听话"行为。实际上,我们只要耐心地观察孩子的一举一动,就会发现每个孩子都有自己的闪光点。只要能对孩子多一点耐心,多一点关心,多一点尊重和理解,相信父母是可以与孩子快乐沟通的。

本书从孩子的生理和心理特征出发,挖掘孩子"不听话"的根源;引导家长们更新自己的教育观念;用科学的方法与孩子进行良好的沟通;理解孩子的所思所想;鼓励孩子与父母沟通,并与父母建立一种平等、和谐的关系。

在本书编写过程中,我们参考了国内外一些先进的教育理论,列举了大量现实生活中的实例,力求做到理论与实际相结合,旨在为家长们提供科学、有效、实用的教育指导方法。相信每一位家长阅读本书之后,都可以掌握与孩子沟通的技巧,实现和孩子快乐沟通。

本书既可作为年轻父母们的教育枕边书,也可作为教育从业人员的职业参考书。

目 录
Contents

第一章	你的孩子听话吗	001

孩子不听话的种种表现　　　　　　　　002
孩子不听话的原因　　　　　　　　　　007
逆反是孩子的天性　　　　　　　　　　011
过分不听话是心理健康问题　　　　　　016
对不听话的孩子切勿放任自流　　　　　020

第二章	没有不听话的孩子，只有不反省的家长	025

孩子不听话，家长要自我反省　　　　　026
你是"专制"的家长吗　　　　　　　　031
谁说孩子就该唯命是从　　　　　　　　035
过度教育危害大　　　　　　　　　　　040
"出气筒"是不会听话的　　　　　　　045
迁就等于放纵　　　　　　　　　　　　050

第三章　让孩子把你当朋友　055

做孩子的朋友并不难　056

从孩子的角度看世界　060

充分理解孩子的感受　064

允许孩子有自己的秘密　070

正确化解代沟冲突　074

第四章　把孩子当成合作者　079

孩子为什么不合作　080

合作始于尊重　085

孩子不是"麻烦制造者"　089

注意观察孩子的情绪　096

别让孩子习惯于讨价还价　100

赢得孩子合作的技巧　104

第五章　和孩子平等地对话　111

讲孩子能听懂的话　112

善用爱的语言　117

一次不要说太多　122

尽量做到和颜悦色　125

第六章　倾听孩子的心声　　　131

　　孩子都有自己的心声　　　132
　　做一个耐心的倾听者　　　137
　　帮孩子说出他们的心里话　　　142
　　注意孩子的潜台词　　　147

第七章　做一个"问题"家长　　　153

　　孩子为什么爱提问　　　154
　　孩子提出怪问题怎么办　　　158
　　巧妙回答孩子的问题　　　163
　　经常向孩子请教问题　　　168

第八章　不要忽略肢体语言　　　173

　　与孩子谈话应采用的姿势　　　174
　　用手与孩子交流　　　179
　　真诚的目光交流　　　182
　　多给孩子一些微笑　　　187
　　"弯腰"和孩子说话　　　191

第九章　家长要处处以身作则　　　197

　　身教比言传更重要　　　198
　　用行动证明你的话　　　203
　　无声的教育最管用　　　208

第十章　听话的孩子是激励出来的　　215

赞美是孩子最喜欢的礼物　　216

如何正确地赞美孩子　　221

警惕过度的赞美　　226

巧妙使用激将法　　230

安抚孩子的消极情绪　　236

有效的"冷处理法"　　242

第一章

你的孩子听话吗

孩子不听话的种种表现

从孩子诞生第一天起,父母就像看着一棵冲破泥土的小苗一样,希望他快快长大。但是,当孩子长到3岁以后,很多父母却都感觉头疼起来了:宝宝真是越大越不听话了——他们不愿再接受父母的意见,反抗意识增强,总是说"不",经常与大人作对,或者是表现出其他反抗行为等,给父母带来了很多的麻烦。

荔荔4岁以前是一个特别懂事的孩子,周围邻居都非常羡慕妈妈有个这么乖巧听话的女儿。

可是,随着年龄的增长,荔荔像变了一个人似的。有一次,爸爸妈妈特地请了一天假带她去游乐场玩,结果一向听话的荔荔竟然为了抢一个气球,跟一个小女孩大打出手。爸爸妈妈十分愤怒,立即带着她回家了。从那以后,荔荔变得越来越不听话。只要妈妈不答应自己的要求,她便哭闹不止;和小朋友们一起玩的时候,她也变得霸道起来,总是会说"这些都是我的,你们谁也不许动"。

尤其让父母气愤的是,有一次家里来了客人,中午吃饭时,妈妈让她给大家摆筷子，没想到她却故意将筷子丢到地上。妈妈说她，她还自得其乐地向妈妈做鬼脸。吃完饭，客人闲着没事，妈妈让荔荔在客人面前表演在幼儿园学到的东西。平时荔荔最擅长的就是数数，可是这次，她当着客人的面这么数数："1，2，3……"数到"10"，她忽然眨了一下眼睛，高声而短促地说"100"，然后用眼睛扫视大家，自己在一边傻乐。她明明会数数，却故意乱数，弄得父母很没面子，客人也非常尴尬。

其实，许多家庭中的孩子都会像案例中的荔荔那样，在成长过程中的某一段时期，出现不听从家长管教的现象，有的表现为对父母的管教不闻不问，还有的表现为和父母顶嘴，严重的还可能会发生激烈的言语冲突甚至离家出走。一般来说，孩子不听话有以下几种表现：

1. 与父母针锋相对，吵闹顶嘴

当孩子认为父母说的话或做的事情不对或不合理的时候，他们就会用顶嘴的方式来表达对父母的不满。例如，孩子没有收拾玩具就去看电视，妈妈命令孩子"必须先收拾玩具，再看电视"，孩子心中不满，便对妈妈说："我爱什么时候收拾，就什么时候收拾,你管不着。"如果父母催逼急了,孩子就偏不按父母说的去做,甚至和父母大吵大闹起来。

2."非暴力不合作"

有些孩子总觉得父母说得不对,觉得他们喋喋不休,早就对此厌烦至极,因此他们会对父母的话置之不理。既不听从,也不反抗,摆出一副和父母无话可说的样子来。

3. 阳奉阴违

受到父母批评的时候,虽然孩子表现出一副恭顺、听从的样

子，但是到了具体实施的时候则完全不按照父母的教导行事。比如，家长对孩子说："该去写作业了吧？"孩子答应着："嗯，我这就去。"然后就装模作样地回到房间，结果却一关门，又开始玩游戏了。

4. 保持缄默，不作为

所谓不作为，就是指领导怎么说，下属就怎么做，完全不发挥主观能动性，没有自己的意见反馈。孩子不作为也是这样，就是父母让做什么就机械地去做，并不论效果如何，也不和父母交流。

5. 离家出走

当孩子感觉家庭不温暖或是父母不爱自己时，就会以"不回家"或离家出走的方式，表达自己心中的不满。事实上，孩子并不是真的不愿回家，而是用这种反抗行为告诉父母，自己内心希望他们能关心、爱护自己。

> 爱心指导

用心灵与孩子对话

1. 每天抽出专门的时间与孩子进行交流

当发觉孩子有不听话的行为时，就说明孩子已经有了更加成熟的思想了，那么父母对待孩子的态度、教育孩子的方法就应该有所变化了。这时候父母必须更多地去了解孩子，每天拿出半小时来专门与孩子进行交流，了解孩子内心的想法，这样不仅能够保持和孩子的友好关系，还能从孩子的想法中发现许多惊喜。

2. 用真诚、平等、亲和的态度与孩子进行交流

虽然孩子可能会给父母带来很多麻烦，但是相信父母也知道，这种麻烦是幸福的。因此，父母对孩子一定要有耐心，即便是自己不开心的时候，也要以亲和的态度对待孩子。如果觉得不能理解孩子的行为，那么就用真诚的态度与孩子坐下来谈谈，想办法了解孩子的内心，以达到与孩子心

灵沟通的效果。

3. 与孩子一起制订做事计划

孩子脑中会有许多新鲜的想法，有正确的也有错误的。如果父母不够关心，孩子便可能会将所有的想法付诸行动。因此，父母有必要和孩子一起制订做事计划，让孩子说出自己想要做的事。这件事是正确的，父母就予以支持；如果是错误的，父母就要向孩子解释清楚，将其排除在计划外。

孩子不听话的原因

在孩子的成长过程中，父母总是希望孩子能够记住自己说的每一句话。事实上，总是有这样或那样的原因会导致孩子不听话。比如，孩子年纪比较小，还不能透彻地理解父母说的每一句话，因而很多时候就没有按照父母的要求去做。这时候，很多父母就会觉得烦恼：明明告诉过孩子了，孩子为什么还是不听话？

3岁的小双饶有兴致地在电插座旁边看了又看，心中在琢磨：这个东西真有意思，妈妈把电饭锅的插头插进去，不一会儿，米就变成好吃的饭了；把台灯的插头插进去，台灯就会变亮，拔出来灯就灭了；还有，把DVD的插头插进去，我就能从电视机上看到好看的动画片了……这几个"洞洞"里到底有什么神奇的东西啊，说不定有个老神仙呢！

想到这里，小双就将自己的食指伸过去——突然，小双想到妈妈说过，不能把手指头伸进去，那样是很危险的。于是小双犹豫了，会有什么危险呢？是不是里边会冒出小虫来？那有什么，我是不怕小虫子的。也许我把小虫子抓出来，里边就没有危险了。

于是，小双下定了决心，将食指伸了过去，但是食指太粗，竟然伸不进去。于是小双将小指伸过去，太好了，小指是可以伸进去的——就在这一瞬间，小双感觉到一阵麻木传遍全身，小手指也下意识地缩了回来。小双显然受到了惊吓，而且小手也感觉到了一阵阵的疼痛，所以"哇"地哭了出来。

在厨房做饭的妈妈立刻冲了出来，马上明白了发生的一切，她二话没说，抓起小双就在他屁股上打了两下："不是跟你说过它危险、小孩子不能碰吗？你怎么就记不住、就不听话呢？"然后将小双丢在床上，急忙回厨房去了。

剖析小双的心理活动会发现，小双无论从逻辑上还是主观意识上，都是没有错误的。小双并不是故意不听话，而只是出于好奇，而且他对"危险"一词的理解并不那么明晰。

同时,我们可以看到,正在厨房忙活的妈妈当时很着急,所以采用了简单、粗暴的方式对待孩子。但是这显然是不对的,因为孩子认为自己没有错却受到了惩罚,心中必然会产生委屈感、懊恼感,对孩子的心理健康非常不利。

其实,孩子不听话的原因有很多,有专家认为至少有以下10种。

①家长没能说明白自己的要求,或者要求不够具体。这就会让孩子无所适从,不知道父母到底是什么意思,也不知道该怎么做。

②家长说话啰唆,反复重复一件事。这样会引起孩子的逆反心理,觉得自己即使做了,家长还是会说的,所以干脆不听也不做。

③孩子已经习惯了家长的溺爱、纵容,只要自己反抗,家长就会退让,所以孩子就会觉得自己可以为所欲为。

④家长在孩子面前表现得太过感情用事,高兴的时候,孩子做什么都对,不高兴的时候,孩子做什么都会受到责骂。于是,孩子就会觉得父母的话没有道理,只有情绪,所以也就不去听从了。

⑤家长经常用欺骗、吓唬等方法"哄"孩子,时间长了,孩子就识破了父母的伎俩,当然就不会再听话了。

⑥家长对孩子提出的要求过高,孩子经过一些尝试之后,觉得自己无法完成,慢慢也就不愿意按照家长的要求去做了。

⑦家长的要求和孩子此时的愿望大相径庭,会使孩子非常扫兴,反复如此,孩子就会想办法拒绝家长的要求,有时候甚至表现为当面拒绝。

⑧家长没有做到言出必行,常常向孩子做出承诺,但最后并不兑现,有时候还会威吓孩子。这样,孩子就认为父母的话不必当真。

⑨父母一个过于严厉,另一个则一味迁就。这就会导致孩子面对严厉一方表面听话,然而过后又和迁就一方共同瞒天过海,最后形成了阳奉阴违的性格。

⑩家长之间的要求没有达成一致,甚至对同样一件事,父母的态度就互相矛盾,这样孩子就会无所适从,结果是谁的话都不听了。

> **爱心指导**
>
> **挖掘孩子不听话的根源，做到对症下药**
>
> 1. 父母如果发现孩子不听话了，就要仔细寻找原因，然后根据这一原因与孩子进行交流，最终解开孩子心中的这个结。否则，心中的郁结长期得不到化解，很可能会影响到孩子的心理健康。
>
> 2. 孩子的反叛也并不是突如其来的，往往是在与父母的接触中被引发的，所以父母要注意，在平时说话中尽量不要"得罪"孩子，要用更多温和的话语来向孩子说明问题。即便孩子屡教不改，父母也不能失去耐心。

逆反是孩子的天性

在孩子成长的过程中，父母总会发现，不知从什么时候起，自己乖巧的孩子不见了，取而代之的是一个不听话的、开始对自己进行反驳的孩子。逆反是人们为了维护自尊，而对对方的要求采取与之相反的态度和言行的一种心理状态，也是孩子成长过程中一个明显的心理特征。3~5岁不仅是人成长过程中的"第一逆反期"，也是自我意识的觉醒期，孩子经常会坚持己见，与父母、长辈对着干，或者故意做出一些独特的事情来引起他人注意,等等。

当然,任何事物都有其两面性。逆反虽然会给父母带来对孩子管理上的麻烦,但却也可能是很多伟大变革的萌芽。因为有逆反,才能突破既往、有所创新,才能开辟出自己的新天地,甚至给整个人类社会带来变化。

物理学家威尔逊(Wilson)诞生于英国爱丁堡附近格伦斯科的一个农民家庭,因发明用蒸汽凝聚使带电粒子的行迹显现的方法而获得1927年诺贝尔物理学奖。威尔逊小时候特别顽皮,经常把家里弄得乱七八糟,异想天开地弄些小乱子是他最擅长、最喜欢干的事情。这种性格令父母感到无奈和厌烦。因此,父母断定他将来也许就是一个游手好闲、没有出息的坏家伙,对他的未来也就不抱任何希望,进而放弃了对他的培养。

当地有一位学识渊博的牧师对小威尔逊很感兴趣,他认为威尔逊是个极其聪明的孩子,于是对威尔逊的父母说:"逆反是孩子的天性,他的淘气顽皮并不是故意捣乱,他的这种顽皮是出于强烈的好奇心和求知欲,同时又得不到适当的引导所致。如果能帮助他确立发展方向,让他投入到自己的兴趣和追求中去,将来一定是个出色的人才,现在的小威尔逊只是缺乏正确的引导罢了。"

牧师的话让威尔逊的父母很受启发,他们开始转变对威尔逊的看法。通过细心观察,父母找到了威尔逊的兴趣所在,于是对他感兴趣的问题加以引导。小威尔逊的学习态度也随着父母教育方法的转变而发生了根本性的转折。他对学习产生了极大的热情,把成为物理学家作为自己的理想,并通过不懈努力,最终使理想得以实现。

上述案例说明，逆反是孩子的天性，是孩子成长过程中的一个特殊时期，是孩子走向成熟的必经之路。如果父母全然反对、强制打压孩子的叛逆行为，很可能会让孩子丧失创造的灵感，进而变得庸庸碌碌。如果每个孩子都完全按照父母的思想行事，社会就会停滞不前。可以说，人类社会发展的先锋官就是人类的创新思想；而人类创新思想的萌芽正是儿时的逆反心理。

因此，家长不能抹杀孩子逆反的天性，只是需要顺应自然的规律，给孩子以更好的引导，使孩子顺利度过这一时期，并走上正确的道路。

爱心指导

正确对待孩子的逆反行为

逆反对于孩子而言，既有消极的影响，也有积极的影响。对于孩子逆反中的积极因素，父母应当在适当引导的基础上使之充分发挥；对于孩子逆反中的消极因素，父母一定要采用正确的方法将其消除。一般来说，消除孩子逆反心理的方法有以下几种。

1. 平等地对待孩子

许多父母认为，孩子听自己的话是理所当然的，所以总是对孩子发号施令。但是这些父母却没有想过，孩子在一天天长大，渐渐有了自己的想法。面对孩子的异议，父母应当像对待自己的朋友一样，与孩子平等地进行沟通。如果父母继续采用高压政策，反而会激起孩子的逆反情绪。

2. 冷静处理孩子的逆反行为

孩子的逻辑是很简单的，当他们不服父母的管教时，就会情绪激动，冲大人发脾气，甚至会有过激的言语和行动，而且不分场合。在这种情况下，父母当然不能和孩子大吵起来，而是可以先把事情暂时放一放，让孩子做一些其他事情。其实，孩子的怒气很快就会消散了，然后父母再找孩子谈一谈这件事，孩子往往会更容易接受父母的意见。

3. 批评孩子要注意分寸

父母对孩子进行批评一定要谨慎，即便孩子的错误非常明显，父母也要深入调查事情的原因，了解孩子的想法、动机。如果孩子确实从思想上就存在错误，父母当然要给予批评，但是要注意批评的方式、场合以及分寸。同时要注意，父母指出孩子错误的时候，一定要告诉孩子什么是正确的；如果孩子在正确的方面也有所表现，父母不妨对这一方面着重夸奖一番，让孩子知道怎么做才是最好的。

4. 努力去理解孩子

孩子的思维方式和父母总是存在差异，如果孩子感觉父母不理解自己，就会渐渐失去与父母沟通的欲望，就会对父母产生反感情绪，因此也就会不听父母的话。这就要求父母去洞察孩子的内心想法，再根据这些想法发表自己的看法。如果孩子觉得父母已经理解了自己，那么他们也会更加乐于接受父母的意见。

过分不听话是心理健康问题

在现实生活中,孩子不听话是正常的逆反心理的表现,但是如果孩子在性格、脾气、情绪、行为、注意力等方面与周围孩子有着显著不同,表现得过分不听话,那么从心理学上讲,这就是一种不健康的心理征象。

这类孩子的心理异常一般表现在以下几个方面:

①不能长时间集中注意力。这类孩子做事时容易分心或思想上开小差,如上课不专心听课,作业不认真完成,即使玩自己最喜欢的游戏也往往有始无终,以故意做坏事为乐趣。老师和家长怎么教育,孩子的行为都没有改观。

②无目的地做出一些系列动作,如挤眉、眨眼、吸鼻、努

嘴、点头、伸脖、踢脚、扭动手等，有时还不断发出怪声。

③出现情绪障碍，如焦虑不安、心神不安、坐立不定、心烦意乱、无心学习及完成作业、无心参加文体活动。除了这些焦虑的心情和不安宁的外表外，还有心悸、气喘、出汗，甚至腹痛、恶心呕吐及头痛等神经功能紊乱症状。

④不愿上学。每天上学之前都会感觉心神不宁，不断跑厕所去大小便，哭着要求不去学校。即使被送去上学，也如临大敌一样，坐不宁，听不进。这种情况往往出现在一些优秀学生身上，他们学习压力大，父母和老师对他们的期望很高，一次的成绩失误便会使他们产生厌学的情绪。

郑斌原本是一名优秀的学生，从小爸爸对他非常"严格"。3岁那年，爸爸教小郑斌识字，因为郑斌不听话，爸爸就用木棍、皮带等对其进行责打。在这种棍棒教育下，小郑斌学习成绩一直都非常优秀。

但是不知从什么时候起，郑斌迷上了网络，经常上网聊天、玩游戏，学习成绩也是一落千丈。

爸爸得知儿子的情况后，大发雷霆，狠狠地打了郑斌一顿。

令父母没想到的是，郑斌不但没有将学习成绩提升上去，反而更加不听话，竟然学会了抽烟、打架。以前是放学之后去上网，后来竟然逃课去网吧，更加严重的是，他和社会上的一些不良少年鬼混在了一起。

当爸爸再一次将儿子暴打一顿之后，郑斌竟然做出了更为惊人的举动——离家出走。

三个月很快过去了，郑斌的钱花完了，这时在网吧里认识的一个所谓的"朋友"给他出主意："你给家里打电话，就说你被绑架了，让他们送钱过来不就行了吗？"郑斌觉得也只有这样了，就照办了。遗憾的是，当父亲焦急地将钱送来以后，郑斌并没有跟随父亲回家，而是彻底走上了一条不归路。

案例中，当第一次棍棒相加的时候，小郑斌的心理就受到了伤害；当郑斌的成绩一落千丈的时候，其实就说明其心理问题已经十分严重了，但是爸爸仍然用责打的方法来对待孩子，当然就无法奏效了。

如果孩子过分不听话，往往表明孩子的心理健康出了问题，这时家长就有必要去正视孩子的心理问题，唯其如此，才能最终

第一章 你的孩子听话吗

解决孩子过分不听话的问题。

爱心指导

如何纠正孩子过分不听话的行为

①父母应给予孩子足够的关注，给他们充分的自由空间和家庭民主权。既注重他们自主性的发展，也注重培养他们的纪律性和规则意识，要主动与孩子平等地交换意见，而不是将自己的观点和行为准则强加给孩子。

②对于那些生性顽皮的孩子，父母不要当着他们的面发表议论，这些暗示会让孩子对自己的行为产生"自己与众不同"的自卑心理，不利于孩子心理的全面健康发展。

③别在心理上固化孩子的毛病。当发现孩子有什么不正常的行为时，父母不要特意提示或指责孩子，否则越纠正孩子心理越紧张，反而会使孩子犯错不止，给孩子造成固化心理。正确的做法是有意引导，潜移默化地改掉孩子的毛病。

④适当淡化孩子的优势。许多家长对孩子优秀的一面，

尤其是从小表现出来的天资、天分经常会给予充分的赞扬、鼓励。这种肯定无形中会转变为一种强化心理，孩子会认为自己异于常人。长此以往，一方面，父母对孩子的期望过高，容易给孩子造成巨大的精神压力，另一方面，易导致孩子个人发展过早地专业化，从而影响身心的全面发展。

⑤带孩子进行心理咨询。如果家长不能及时疏导孩子的异常情绪，可以带孩子进行专业的心理咨询。

对不听话的孩子切勿放任自流

教育孩子犹如护理树苗，只有从小给予重视，进行适时引导，才能将孩子的不良性格、行为扼杀在摇篮中，从而保证其健康成长。如果家长持有"树大自然直"的观念而对孩子不听话的行为放任自流，只会让孩子的不良行为愈演愈烈。

刘元元的父母在城里做生意，她从小和奶奶在一起生活。由于奶奶对她过分宠爱，小元元养成了任性、暴躁的性格。

上学以后，元元回到父母身边。由于生意繁忙，父母不太重视对孩子的教育。令他们没有想到的是，元元任性易怒的性格，最后造成了严重的心理障碍。

一天，刘元元放学后一直在街上玩耍，到天黑时候被下班回来的爸爸看到，爸爸很生气，指着女儿骂道："一个女孩家放学不回家，这么晚了还在街上瞎逛？"任性的元元无视爸爸的指责，生气地冲爸爸吼道："我愿意什么时候回家就什么时候回家，谁要你管！"由于声音特别大，引来许多人驻足观看。爸爸见很多人看着自己，就没有再说什么，气呼呼地扭头走了。回到家中，元元的父亲本想着让妻子好好教育一下孩子，谁知妻子却说："孩子还小，想玩就让她玩吧，现在不听话，长大了自然会变文静的，人家不是常说'女大十八变'嘛！"爸爸听了，虽然觉得不妥，但没有继续深究，这件事也就不了了之了。

然而，元元这种任性的行为却没有随着时间的推移而改变，反而变本加厉，后来竟然在学校与一帮男男女女组织了"帮派"，经常欺负低年级同学。后来有一天，元元伙同他人将同校的一名学生打成重伤，被送进少管所。

元元的悲剧典型地揭示了父母对过分不听话的孩子采取听之任之态度所导致的后果。

孩子的成长主要受两方面因素的影响：一是家庭和学校的教育；二是社会环境的影响。家庭是孩子接受教育的第一课堂，倘若父母放弃对孩子的教育，那么社会环境中的各种思潮、习气便

会无孔不入地渗透进孩子的心灵，诱导孩子做出不良行为。缺乏规范的孩子一旦无人管教，就很容易为不良的环境所影响，最终误入歧途，走上犯罪的道路。

当然，并非所有不听话的孩子将来都会走上犯罪的道路，但是，不听话的行为往往会导致孩子荒废学业，把自己的大好时光浪费在对人生毫无意义的事情上，结果使本该有大好前途的人生变得黯淡无光。

从法律上讲，父母对孩子具有教育的义务。即使孩子过于不听话，父母也不要气馁，要以一种科学的教育方式耐心地对待孩子。如果效果不明显，家长应该及时请教心理专家。其实，只要找到科学、合理的方法，不听话的孩子也能被管好、教好，放弃对孩子的教育就等于将孩子推入一个深不见底的"地狱"。

爱心指导

敢于对孩子的要求说"不"

①教育孩子时,父母要敢于并善于说"不"。如果你对孩子的要求无所不从,孩子可能会变本加厉,不断提出更多更无理的要求。而孩子一旦习惯了父母的有求必应,父母再想限制孩子恐怕就会引起孩子的反感。

②如果孩子已经习惯了父母的有求必应,父母就更要加以管教了。"亡羊补牢,未为晚也",孩子毕竟还小,是比较容易改变的,只要父母多加一点耐心,采取正确的方法,孩子的行为很快就可以被纠正过来。

如果父母之前没有好好引导孩子,等到孩子养成了不良习惯之后,又没有耐心去纠正,而采取对孩子放任自流的态度,那么很可能使孩子陷入不测的深渊。

第二章

没有不听话的孩子,只有不反省的家长

孩子不听话，家长要自我反省

在家庭教育中，一些父母对孩子的日常行为管束较松，放任自流；而有些父母则管教孩子过于严格，甚至又打又骂，既伤害了孩子的心灵，又使孩子产生了逆反心理。这些方法都没有掌握好教育孩子的度，过犹不及，结果只能使孩子变得越来越不听话，越来越不服管教。

教育家孙云晓曾说过："改变教育从改变关系开始，改变孩子从改变父母开始，改变明天从改变今天开始。"这句话强调：在教育过程中，家长一定要反省自己的教育方式，尤其在家庭教育中，孩子不听话，和家长的教育方式有着很大的关系，家长一定要自我反省。

下午放学后，妈妈来接小凌回家，由于孩子还没写完作业，妈妈就在一边和小凌的老师聊了起来。除了每次见到老师必问的老一套问题——"小凌这段时间怎么样？""上课表现如何？"等等，妈妈还和老师聊到了孩子不听话的事情："昨天晚上在家吃饭，我有事出去了，回家后进门闻到一股饭菜味，一看，小凌把稀饭倒在窗户外边了，您说这孩子怎么就这么调皮？"妈妈一脸无奈的表情。

老师听了妈妈的话，说："我问你几个问题，你再想想小凌为什么要那样做。如果她把饭倒在家中的垃圾桶里，你会骂她吗？"妈妈点点头。老师又问："如果小凌没吃完放在厨房里，你看到后会不会说她？"妈妈再次点点头。"如果她把稀饭倒在窗户外边，你没发现，她还会挨骂吗？"听了老师的第三个问题，妈妈摇了摇头。最后老师说："你现在该明白她为什么不倒在垃圾桶里，而非要倒在窗户外边了吧？"妈妈不好意思地笑了笑，说："老师您说得很对，我们作为家长，不能总是批评孩子，有时候也应该站在孩子的角度想想。看来我的教育方式失之偏颇，不得不说，我在批评孩子的同时，自己也应该反省一下。"

在现实生活中，像小凌妈妈一样的家长十分多见。在面对孩子的错误时，很多家长总是觉得孩子不可理喻，却往往忽视了自身的原因。

　　由于认知能力、知识水平和教育思维等原因，有些家长没有把孩子看成一个正在成长的个体，也不知如何培养孩子求知、生存、合作、发展的能力，因此走入了家庭教育的误区，使孩子变得越来越不听话。更令人遗憾的是，一些家长至今也不知道自己的教育方法、教育观念错在何处，甚至还为孩子短暂的听话而暗自得意。

　　实际上，家长在从孩子身上探究"不听话"的根源时，也要从自身去寻找原因，反省自己的教育方法是否存在误区，对孩子的要求是否合理等，然后用科学的教育方法对孩子予以正确引导，这样才能使孩子从"不听话"向"听话"转变，从而达到健康成长、快乐成才的目的。

> **爱心指导** 走出教育孩子的三个误区

1. 棍棒之下出孝子

> 昨天刚说了你，今天怎么又犯同样的错误？

很多家长受传统教育观念的影响，认为只有靠严厉的打骂，才能让孩子懂事。其实那只是让孩子在表面上屈服于家长的淫威，而心里根本没有认识到自己的错误，甚至也不敢向家长提问，导致自己挨了打，若干年之后都不知道为什么，所以只能是"好了伤疤忘了疼"。很多家长总是会说小孩子"记吃不记打"，其实正说明了棍棒教育的失败。

2. 不让孩子受一点委屈

> 是你家孩子的错！

> 是你家孩子不对！

现在多数家庭只有一个孩子,家长视之如珍宝,"放在手里怕丢了,含在嘴里怕化了"。孩子在家里自然被奉为"皇帝",出去和其他小朋友发生些小矛盾,家长也要出头"护驾",生怕自己孩子受到半点委屈。这样的教育方式很容易使孩子养成霸道或者软弱的性格,而且容易使孩子越来越不听从父母的教导。

3. 包办孩子的人生

很多孩子刚一出生,父母就为他们"承包"了一切,为孩子储蓄好了房子、车子,又为孩子制订了"十个五年计划":从上什么幼儿园,到上什么大学、做什么工作都安排好了。殊不知这种期望使孩子从小就背上了"沉重的负担",严重影响了孩子的身心发展,并且很可能使孩子的性格、心理,以及对人生的态度等都发生畸变。有些孩子在这些包裹之中快快地生活,在父母的教导下产生了心理疾病;有些孩子拼命冲出这"围城",宁愿在尘世中迷惘,也不愿听从父母的"忠言"。

你是"专制"的家长吗

很多家长在教育孩子时,通常会像给下属下达命令一样,这种家长就是通常说的"专制型家长"。专制型家长过度相信自己的权威,在家中实行"专制独裁",把自己的意志强加给孩子,要求孩子必须服从、听从大人的安排。专制的家长总是希望孩子温顺、听话,却忽略了孩子的感受。

从某种意义上讲,这是一种传统的家庭教育风格,主要强调家长的权威形象,要求孩子听从父母的意见,父母却从不听孩子的想法。在现实生活中,专制型的家长不乏其人,然而对孩子而言,这种方式不仅会伤害孩子幼小的心灵,还会对孩子的身体健康造成不良影响,甚至会使孩子的性格发生变化,导致心理疾病的发生。

张禹的爸爸妈妈白手起家，创业的艰难让他们深刻体会到知识的重要性，所以他们把更多的希望寄托在张禹身上。他们对张禹要求很严格，尤其是爸爸，自从张禹进入学校后，就要求张禹一门心思读书，不能做任何其他事情；放学到家，不得看电视；除了吃饭，就得在自己的房间里读书，就连周末也不例外。

有一次放学回家，张禹趁爸爸妈妈不在家，偷偷看了一会儿电视，正巧赶上爸爸提前回家，爸爸二话不说，将他打了一顿，从此孩子再也不敢看电视，也不敢玩其他的游戏，只是按照父母的意愿"一心只读圣贤书"。爸爸妈妈为这种"高明"的教育方法而暗自得意，有时候还向其他父母传授"秘籍"。但是渐渐地，他们却感觉到孩子不再爱说话，而且在吃饭的时候总会发呆，似乎在思索着什么，父母问他在想什么，他也只是轻轻一笑了之，继续吃饭或者吃完饭到自己的屋子里去了。

父母感觉有些不对劲，于是开始仔细观察张禹，结果发现他经常会发呆，还经常忘东忘西；学校老师也向家长反映，说张禹总是带错课本，上课经常走神，而且不愿和同学、老师说话。于

是，父母就带他去看医生，医生检查后认定孩子得了抑郁症，后来治疗了很长时间也没有彻底恢复正常，张禹只好辍学在家养病。

上述案例中，张禹之所以会产生心理疾病，与其父母的专制式教育方法不无关系。的确，一个健康的孩子每天生活在父母的专制与威严下，是一件非常痛苦的事情。当孩子受到批评、指责而想要解释原因时，常常会被"专制"的家长用这样的话打断："你不要辩解了，这没用"，"闭上你的嘴"，"你又开始撒谎"，"你还敢犟嘴"……在这种态度下，孩子会本能地产生委屈的感觉，进而伤心，怨恨家长对他的不公平。

爱心指导

父母要改变自身的专制态度

> 好的。

> 妈妈我想参加班里组织的春游。

①当孩子有自己的安排或想法时，父母应该允许孩子说

出自己的看法，与孩子商讨出最佳的计划，切不可强制孩子要做这件事，不许做那件事。当孩子与父母商量是否可以做某事时，父母应该说出自己的想法，让孩子自己作出决定，并且适当灵活地引导孩子。

②当父母意识到自己的错误时，应主动向孩子道歉，如果孩子的想法有道理，可以按照孩子的想法做，尊重孩子。

③当孩子受到批评、斥责想要辩解时，父母应该让孩子把话说出来。如果孩子辩解的时机不合适，明智的父母不妨对孩子这样说："你有辩解的权利，但是现在我很忙（时间不合适），但我一定会听你的解释，等我们晚饭后再慢慢谈，好吗？"这样既能够让孩子感受到尊重和重视，同时又给了孩子思考的时间。

谁说孩子就该唯命是从

许多父母希望孩子对自己唯命是从，而且认为这是孩子听话的表现。实际上这种观点是错误的。有关心理学家认为，一个人的自我意识在3岁时就开始发展了，当人具有了独立意识后，他的思维和行动就会随着意识的变化而变化，如果这时还要求孩子像以前一样按照父母的想法办事，那么就是一种无形的霸权主义，会使孩子感到压抑，影响孩子的身心发展。所以在对孩子的教育中，父母是不可以让孩子唯命是从的。

此外，强迫孩子唯命是从还会磨灭孩子的主观能动性和创造力，从而妨害孩子智力的发展，使孩子在日后的成长中只知道学习而不懂得创新。这对孩子一生的发展来说，无疑是一个重大的伤害。

小松已经上小学了，但是无论遇到什么事情，他都必须问父母，没有得到父母首肯的事情，即便小松觉得是对的，也不会去尝试。一个星期天，妈妈正在洗衣服，洗到一半，洗衣粉用完了，于是妈妈就让小松去买一袋洗衣粉。小松问道："要什么牌子的？""雕牌的吧。"妈妈回答。

结果等了很久小松才回来，也没有买到洗衣粉。妈妈问："怎么去了这么长时间？洗衣粉呢？"小松说："楼下的超市今天没开门，我到远处的商店去买，可是那里没有雕牌的洗衣粉。"妈妈有些生气了："那你就不知道买一袋其他牌子的吗？"小松委屈地说："你说的是雕牌嘛，谁知道别的牌子行不行呢？"妈妈气得骂道："我怎么就养了你这么个死心眼儿的孩子？"然后亲自出去买洗衣粉了。

就在买洗衣粉的路上，妈妈想起了一些事情：

小松小的时候，有一次，妈妈带着他到市场上买菜，当时妈妈正打算买一只现杀的鸡，小松就说："妈妈，我们买小摊上的烤鸡吧。"妈妈说："那个不卫生，回家咱们自己炖的鸡才干净。"小松可能是很想吃烤鸡，就说："烤鸡有营养。"妈妈觉得小松说得没道理，自己也没法给他解释，于是就不耐烦地说："你懂什么营养！妈妈说买活鸡就买活鸡。"

小松快上小学的时候，妈妈比较忙，就让小松自己去买一些铅笔、橡皮等学习用具。可是小松到了商店后看到了五颜六色的水彩笔，就将所有的钱都买了水彩笔，结果回到家后遭到了妈妈的斥责："你怎么这么不听话，水彩笔能写作业吗？"后来还动手打了小松，并非常严厉地告诉小松，大人让买什么就买什么，不要自己做主。

其实不光是买东西，家里事无大小，妈妈都不让小松做主，总是告诉小松要听大人的话。有时候小松没有按照妈妈的意思做事，但是做得很好，妈妈也没有去表扬他；但是一旦做得不好，妈妈是一定会责骂他的。就在这一次次的责骂与约束中，小松渐渐失去了主观能动性，最后变成了一个"死心眼儿的孩子"。

妈妈显然也认识到了这一点，回去之后，她拉着小松的手说："对不起，妈妈刚才着急洗衣服，所以向你发火了，是妈妈的不对。"小松低下头没说什么，妈妈继续说，"小的时候，你对很多事情的判断不准确，所以妈妈才让你听妈妈的话，但是现在你长大了，很多事情都可以自己做主了。比如今天买洗衣粉，妈妈在家等着用，商店里没有雕牌的，你可以选择一种其他牌子的，对不对？"小松点了点头。

虽然孩子在小的时候经常会做错事情，父母的经验可以帮助孩子少走弯路，但是一味地要求孩子唯命是从，只会让孩子变得唯唯诺诺。

一个聪明的家长教育孩子时会给孩子一定的自主权，能意识到自己的作用只是帮助孩子逐渐学会自己走路。如果孩子有什么不合理的想法，让他提出来，然后详细地告诉他其中的不合理性，那么孩子就可以逐渐认识到自己想法的错误性。

爱心指导

不要控制孩子

> 想玩什么，妈妈陪你玩。

> 我想自己玩！

①当孩子会自己走动时，父母不要过分阻拦孩子的自由活动。当然，前提是必须保证孩子的安全。如果想要将孩子控制在一定的活动范围内，也不要强制，而是可以通过与孩子一起做游戏的方法吸引孩子的注意力。

②当父母要求孩子去做一件事，但孩子不愿去做时，父母一定要鼓励孩子说出自己的想法，倾听孩子的心声。如果孩子想按照自己的想法去做，在不违反原则的基础上，父母应当尽量允许孩子去尝试，千万不要逼迫孩子必须服从自己

的要求。

③孩子遇到困难的时候，最需要的是得到父母的帮助和鼓励，而不是漫无目的的批评和指责。你可以对孩子说："不要怕，我支持你。"并且帮助孩子仔细地分析问题，鼓励孩子说出自己的想法，给予孩子适当的指导和建议，让孩子自己去想明白所遇到的问题该如何解决。

④父母一定不要把自己当作孩子的统治者。即使你心里的想法是为了孩子好，也应该先了解清楚孩子需要的是什么。孩子如果长时间得不到尊重，就会变得缺乏自信，更别提创新意识与能力了。父母给孩子提供建议时，也要让孩子感觉到配合父母的建议是快乐的、身心愉悦的；如果采用高压的方法来教训孩子，孩子很可能以退缩或者攻击的方式拒绝父母的建议。

过度教育危害大

在人的一生中，教育与个人的发展是息息相关的，尤其是对孩子的教育，但是过度的教育却会危害到孩子的心理，导致孩子越来越不听话。那么什么是过度教育呢？过度教育是指教育者所实施的教育超出了孩子的身心成长需求，超出了孩子生理、心理成熟程度及现有知识经验水平。

> 你就好好学习，其他的都不用管，由我来做。

有关心理学家和教育家的研究发现，这种过度教育对幼儿尤其是独生子女危害极大，是一种错误的家庭教育方式，很容易造成孩子不听话的后果，其主要表现有以下几种：

1. 父母的过度保护

父母对孩子日常生活中的吃、穿、住、行等方面大包大揽，什么事都不让孩子操心。一般来说，在过分保护下长大的孩子心中只有自我，不会考虑别人的感受，而且缺乏家庭和社会的责任感，不懂得自己对家庭和社会应承担的义务。

2. 父母的过度干涉

在日常生活中，无论孩子做什么事情，父母都要询问，而且要求孩子按照自己的想法去办，这样做的结果，就是使原本性格软弱的孩子变得更加没有主见；而原本性格比较倔强的孩子，因为受到父母的压制，则会产生强烈的反抗心理，从而对父母产生反感，与父母对着干。此外，父母的过度干涉有时还会培养出内心暴烈但外表软弱的孩子，如果孩子一旦因某件事而发脾气，很有可能做出父母意想不到的事情，这无论是对社会还是对家庭，都是一种危害。

3. 父母的过度期望

每个父母都希望自己的孩子能在社会上拥有立足之地，因此一些父母会对孩子抱过大的希望，常常自觉或不自觉地给孩子施加压力，而这对于幼小的孩子来说，无疑是一种过度的压力，这种压力会使孩子认为自己总也达不到父母的期望。久而久之，孩子的心中就会积累起沉重的负担，进而对生活失去信心。

其实，过度教育实质上是父母过分表达对孩子的爱而造成的，但是往往这种"过分的爱"越强烈，对孩子的伤害就越大。父母应该清楚：孩子是一个独立的个体，在成长过程中，孩子也会有自己的独立思想，如果父母一味地干涉孩子的自由成长，孩子的手脚、大脑思维就会被困住，一个天天被压制的小树怎么可能健康成长呢？

从前，有一个狼王，他的王后给他生了一只漂亮的小狼，狼王想要这条小狼继承自己的王位，于是他就希望小狼天天练习捕

猎，但是又担心小狼出去被其他动物伤害，所以每次就将自己打回来的猎物扔给小狼，让小狼撕咬一番。

有一次，小狼趁狼王不在的时候和另一只狼出去打猎，结果受了伤。愤怒的狼王将另一只狼咬死了。后来，小狼长大些了，狼王让小狼和其他狼一起出去打猎，小狼却再也不想去了。这时狼王再次告诫小狼，自己已经老了，小狼必须使自己强大起来，将来继承狼王的宝座。但是小狼早就听腻了，他对狼王说："我现在连一只普通的狼都不如，还怎么做狼王？"

狼王老了，失去了昔日的力量，而狼群中出现了更强的狼，他打败了老狼王，统治了狼群，并且将老狼王和小狼逐出了狼群。

这时候父子俩只好外出流浪，一个无力，一个无能，天天挨饿。老狼这时候想要教给小狼一些技巧，但是小狼却再也不听老狼的话了，因为他根本就不会去捕获那些活蹦乱跳的小动物。这时候老狼流下了悔恨的泪水。

上述故事中的狼王也许在想：想我英明一世，怎么生出这么个孩子来？他只要听我几句话，就可以捕到食物，可是现在恐怕只能活活饿死了。殊不知，小狼的不听话，正是被老狼过度教育的结果。

在我们人类的生活中也是如此，当发现孩子不听话的时候，父母应当反省自己，是不是对孩子的教育过度了？如果是，就要马上调整自己，选择适度的教育方法来教育孩子。

> 爱心指导

适度是最好的教育

①父母在做任何事情前,要征求孩子的意见,尤其是关于孩子的一些事情。例如,父母想要培养孩子的特长,那么在帮孩子找专业教师进行培训前,一定要询问孩子是否愿意,不要按照自己的意愿帮孩子选择,如果孩子不喜欢,大可让孩子说出自己的想法,在尊重孩子的基础上,商量出一种好的方法再去实施。

②对于孩子的教育,父母可以采取顺其自然、积极诱导的方式进行,不要过于干涉孩子的日常活动,尤其是当孩子认真地研究某一项事物时,一定要让孩子去尝试,让孩子自己体验生活的乐趣。当然,父母也有责任保证孩子的安全,在适当的时候,给予孩子关注和支持,鼓励孩子克服困难。

③对于年龄较小的孩子，父母要细心观察，培养其养成一种良好的作息习惯。当发现孩子对某一种事物感兴趣时，可以适当地引导孩子多接触，但是不要操之过急地让孩子学这学那。学习要循序渐进，最好在游戏中将知识教给孩子，这样孩子不但记忆深刻，而且可以将其灵活运用于生活。

"出气筒"是不会听话的

在现实生活中，每个人都会有不如意、不顺心的时候，工作的压力、复杂的人际关系以及现代社会中相对的心理封闭状态，使很多父母的烦恼无处发泄、难以倾诉。这时，最亲密的人往往会成为受害者，尤其是孩子，很容易被父母当作"出气筒"。

如果经常被当作"出气筒"，孩子对父母就会失去信心，也就不会再听父母的话。所以,有时候家长感觉孩子不听话,甚至不愿意和父母说话的时候,就要反思一下,是不是自己把孩子当"出气筒"了?

蒙蒙是邻居刘奶奶家的小孙子,暑假的一天他来奶奶家玩。刘奶奶见孙子来家里,高兴地拉着孙子到楼下社区花园里捉蝴蝶。小家伙长得胖乎乎的,一脸憨态。花园里乘凉的爷爷奶奶们都夸蒙蒙很可爱。

不一会儿,蒙蒙的爸爸也来到楼下。由于最近公司的事情很多,所以爸爸一边急急忙忙地向外走,一边对正在捉蝴蝶的儿子喊:"蒙蒙,好好听奶奶的话,别淘气,爸爸上班去了!"

蒙蒙答道:"知道了。"蒙蒙爸爸刚要走到大门口的时候,蒙蒙突然想起了什么,冲着爸爸说:"爸爸,你走之前给我留点钱吧,我留着买冰激凌吃。"

爸爸一脸不悦地对蒙蒙说:"买什么冰激凌,和你说了多少次了,总吃冰激凌不好,你怎么就是不长记性呢!"

蒙蒙一听爸爸不给钱,心里一急,执拗地答道:"不行,我就要吃冰激凌,一定要买。"

爸爸火气上来了，冲着儿子骂道："你这孩子怎么这么不懂事，我这忍你半天了，你还和我较劲，是不是想挨揍啊！"

蒙蒙觉得，上次爸爸升职的时候，自己要一个玩具汽车，爸爸都给钱买了，这次不过是要个冰激凌嘛，所以就没有理会爸爸的呵斥，继续嚷道："我就要买，给我钱，我就爱吃冰激凌！"结果，只听"啪"一声，气急败坏的爸爸一巴掌打在了孩子的屁股上，又伸腿踢了孩子一脚，也许爸爸"出脚"太重，蒙蒙疼得哇哇大哭起来。这时奶奶赶紧过来，搂住小孙子，一边护着孙子，一边数落儿子，说道："你们就知道打孩子，手上也没个轻重，哪有你这样当爹的，总跟孩子过不去，孩子犯了多大错了！"蒙蒙爸爸听着母亲的数落，有点不耐烦，没有应声，气呼呼地走了。

奶奶见儿子走了，心里还是不舒服，对着街坊邻居说道："唉，这两口子就是这样，高兴的时候，对孩子百依百顺，不高兴了，就没有耐心管了，动不动就打孩子，拿孩子当'出气筒'。这不，今天在公司准又遇到不顺心的事了，孩子就问他要钱买个吃的，又打孩子了……"

以前，爸爸妈妈也总是拿蒙蒙当"出气筒"，但是这次当众被爸爸"羞辱"却深深伤害到了蒙蒙。从此以后，蒙蒙再也没和爸爸要过什么东西，也很少和父母说话了；就是爸爸高兴了，主动问蒙蒙要什么东西，蒙蒙也不要；当爸爸批评蒙蒙的时候，蒙蒙也不说什么，但是一个字也没有听到心里。

其实，像蒙蒙爸爸这样遇到不顺心的事就拿孩子当"出气筒"的现象并不鲜见。近年来，由于生活节奏加快，工作压力与日俱增，家长在教育孩子时难免会夹杂工作上的情绪。许多父母在外面受了气，回家后就拿孩子撒气，只要抓住孩子的一点小问题，就会横加指责，甚至打骂，把孩子当成"出气筒"。

当父母对孩子发脾气时，会让孩子感到恐惧没有安全感

殊不知，当父母对孩子发脾气时，孩子会感到多么的无助、不知所措，这会让孩子感到恐惧、缺少安全感，从而给幼小的孩子带来难以估量的心理创伤。久而久之，孩子会对父母产生抵触情绪，感情上也会慢慢疏远，当然就更不会听家长的话了。

爱心指导

营造良好的家庭氛围

①父母要学会调整自己的心态及情绪，努力将外界的麻烦解决在家门之外。要知道向家人及孩子抱怨工作上的烦恼是没有任何益处的，反而会破坏家庭氛围。当在外边生气时，回到家就不要再去想生气的事，相反，可以与孩子做做

游戏，缓解一下紧张的情绪。

营造良好的家庭氛围

②夫妻之间保持和谐的关系，对于营造良好的家庭氛围必不可少。如果父母经常吵架，甚至闹离婚，都会给孩子带来重大的心理创伤。

③对于孩子的缺点和错误，父母应及时指出，就事论事，不要算总账，更不要夸大，要善意地批评与引导，使孩子能知道错误所在，并知道如何改正。

④当父母心情不好时，不应借机发泄自己心中的不快，将坏情绪传染给孩子，使孩子无所适从；而应该及时收敛不良情绪，在孩子面前保持积极乐观、稳定自信的形象。

⑤讨论事情时，父母可以让孩子参加，多征求孩子的意见，全面考虑孩子的情感，常与孩子谈心、交流感情。这样，父母与孩子的关系就会和谐、融洽，孩子就不会成为父母的"出气筒"了。

迁就等于放纵

在许多父母眼中,孩子对自己来说是最重要的,甚至是自己生命的全部,所以他们往往对孩子提出的任何要求都予以满足,一旦孩子发话,做父母的都会唯命是从。结果,孩子就会认为父母是怕自己的,难免养成任性、霸道的不良品质,无视父母的存在。当然,对于父母的批评教育,更是不会放在心上了。

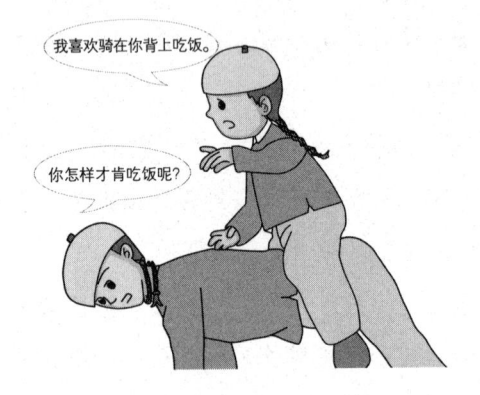

> 我喜欢骑在你背上吃饭。

> 你怎样才肯吃饭呢?

很久以前,一位财主老年得子,儿子在他心中就像一块价值连城的"宝玉",备受宠爱。不管儿子提出怎样的要求,财主总是会满足他。一天,财主喊儿子过来吃饭,但儿子就是不来吃,财主就问:"那你怎样才肯吃饭呢?"儿子说:"我喜欢骑在你背上吃饭。"财主说:"你都这么大了,骑在我背上吃饭会让人笑话的。"儿子却执意说:"你要是怕人笑话,我就不吃饭了。"财主无奈，只好俯下身子，让儿子骑在背上，母亲则在一旁给儿子喂饭。

渐渐地儿子长大了，他喜欢上了附近一户人家的女儿，于是就跑到女孩家里，要求女孩嫁给他。虽然这位女孩的家境比较贫穷，但是她非常勤劳。在她眼里，财主家的儿子根本就是一个霸道的地痞，懒惰无能，自己是不可能嫁给这样的人的。

于是，她嘲笑着财主的儿子，说："你看，你现在还骑在父亲背上吃饭，根本就是一个不能独立生活的人，我不愿意嫁给你。"财主的儿子听了女孩的话，虽然有些生气，但为了表达自己的心意，就对女孩说："那我从今天起就不再骑在我父亲背上吃饭了，如果你不相信，我就把我父亲杀死。"女孩以为他只是说笑而已，笑了笑走开了。

结果，当天晚上，财主的儿子回到家，气冲冲地来到财主房间，说："我喜欢上了一个女孩，但是她不愿意嫁给我，都是因为你，是你每天让我骑在你的背上吃饭，人家看不起我，为了表达我是真的喜欢她，我今天就要杀了你。"

这时候，母亲走出来说道："孩子，你不能杀害你的父亲啊！难道你不知道是他把你养大的吗？"儿子嚷道："我想杀就杀，你管不着！"

财主一听，目瞪口呆，瘫坐在椅子上，老泪纵横，用手捶着胸，说："都怪我自己，谁叫自己那么迁就、放纵孩子呢。"于是，父亲双眼一闭，再也没有睁开……

从以上故事中可以看出，迁就和顺从孩子的不合理要求，显然助长了孩子"以自我为中心"的意识。这种自我意识的无限膨胀，会使孩子变得越来越自私自利，完全不懂得感激父母，想干什么就干什么，根本不会听父母的话。

法国思想家卢梭（Rousseau）说过："你知道怎样使得你的孩子备受折磨吗？这个方法就是父母对其百依百顺。"也就是说，当孩子习惯于父母的迁就时，父母在孩子的眼中，就仅仅是一个供他们差遣的"仆人"，甚至是满足他们无限欲望的"锦囊"。一旦父母不能满足孩子的物质欲望时，孩子就会给家庭带来危机，甚至是伤害，而这时父母在孩子眼里已经一无是处了。

因此，当父母觉得孩子丝毫不把自己的话放在心上的时候，就应该反省：是不是自己太迁就孩子了？果真如此的话，父母就应该尽快让孩子明白，在这个世界上没有人可以为所欲为，违反法律与道德的任意妄为将会受到应有的惩罚。

> 爱心指导

拒绝孩子的不合理要求

妈妈说考试满分就给我买好多玩具终于要实现了!

①父母在孩子面前一定要坚持真理。对孩子做出的承诺一定要兑现;孩子做错了事,一定要给予处罚;当孩子向父母提出合理要求时,父母可以答应;当孩子提出不合理要求时,父母就必须坚持原则,予以拒绝。唯其如此,孩子才能感受到父母的权威,并逐渐懂得是非,进而形成正确的价值观。

我答应过吗?

你说过给我买玩具的……

②当父母拒绝孩子的合理要求时,如果孩子出现耍赖行

为，那么父母不仅要坚持原则，同时还要反省自己的教育方式，同时思考自己以前是否有过相应的承诺，如果有，要当面向孩子认错，给孩子树立榜样，千万不要让孩子抓住父母的"把柄"，也不要因为孩子耍赖就对孩子严厉训斥。

③如果父母在拒绝孩子的无理要求时，孩子以哭闹要挟父母，父母可以采用"冷处理法"，让孩子一个人待在房间里，只要父母确保孩子是安全的，就不要理会孩子的哭闹。当你和孩子都冷静下来后，再简单说明自己拒绝的理由，让孩子明白为什么不能这样做。当孩子明确了你的态度时，也就不会再纠缠不休了。同时，当孩子在下次遭到拒绝时，也就不会再采用哭闹这种无理的办法了。

④在大庭广众之下，对于孩子提出的不合理要求，父母应当妥善处理。如果孩子执拗于不合理要求，并在大众场合哭闹，父母应该吸引孩子的注意力，给孩子说一件有趣的事，如外出游玩、制作模型等，转移孩子的注意力，孩子往往会在不知不觉中放弃原来的行为或愿望。

第三章

让孩子把你当朋友

做孩子的朋友并不难

现实生活中，很少有父母能把孩子放在同自己对等的地位上来看待，而把自己当作孩子朋友的人，就更微乎其微了。大多数家长往往仅仅是把孩子当作受教育的对象，而自己则以过来人的口吻教育孩子，他们很难扭转自己高高在上的姿态去和孩子做朋友。

许多父母觉得与小孩子成为朋友是非常困难的事情，因为他们觉得孩子是不听话的，和他们温和地交谈不容易让孩子记住自己的错误。而且在中国的传统家庭观念中，父母与孩子的地位是不可能平等的。事实上，这样做的结果，往往会使孩子产生抵触情绪，使父母与孩子之间的鸿沟越拉越大。

魏克玲的儿子今年8岁了。魏克玲生怕儿子受到一点儿外界的伤害，所以尽管儿子已经懂事了，但魏克玲仍然不肯撒手让其独行，甚至连到离家只有几十米的商店买东西，她都不让孩子一个人去，总是怕孩子过马路时不小心磕着碰着，或是遇到突发事件。

但是，随着孩子一天天地长大，魏克玲的管束让孩子变得有些逆反。有几次孩子挣脱妈妈的手，想独立地做自己的事，但都被妈妈强硬地拽了回来，孩子委屈地流下了泪水。看着满含泪水的儿子，魏克玲也在沉思：孩子为什么会不听自己的话呢？自己明明是为了孩子好，反而让孩子泪流满面。

一次，魏克玲带孩子上街，儿子看见一家书店想自己进去看书。一开始，魏克玲没有答应孩子的请求。孩子看着魏克玲，非常正式地对她说："妈妈，您就给我一次机会吧，相信我一次，我肯定不会出问题！"面对孩子近似乞求的话语，魏克玲决定给孩子一次机会，要求孩子两个小时之后回家，孩子高兴地答应了妈妈。最后，在约定的时间内，孩子从书店出来了，脸上挂着自豪的表情回家了。

从此以后，魏克玲开始放手让孩子自己去做一些事情，她相信孩子能自己处理好问题。有时，魏克玲还把一些重要的事情交给孩子办，孩子完成得都还不错。孩子也感受到了妈妈对自己的信任，变得懂事多了，还时不时地与妈妈谈心，说出自己的心里话，把妈妈当成自己的一个知心朋友。

从事例中可以看出，做孩子的知心朋友并不难。妈妈对孩子的信任，是与孩子做朋友的基础，让孩子感受到他们与父母的平等地位，父母就会逐渐为孩子所接纳。

孩子，我相信你能重新站起来。

孩子是父母的希望，在孩子遇到困难、挫折的时候，他们最渴望听到的是父母的鼓励，而不是讽刺挖苦。父母应该告诉孩子，爸爸妈妈相信他能够战胜困难，会永远支持他。话虽然很简单，但可以使孩子从内心受到鼓舞。这样，孩子就相信父母会给自己最大的力量，也就会把父母当成知心朋友，毫无保留地诉说自己的心事了。

当父母成为孩子真正的朋友后，孩子当然也就会听家长的话了。

爱心指导

学做孩子的朋友

①父母主动和孩子打成一片，和孩子一起畅所欲言，放下家长的"架子"。当父母发现孩子对流行的事物感兴趣时，可以花一些时间了解那些流行的东西，如歌星、青少

年偶像、新电脑游戏等。这样可以增加父母与孩子之间的话题，同时也能告诉孩子父母是在乎他的。

宝贝，今天在学校都学了点什么啊？

②当孩子主动与父母谈心时，父母要把自己的想法告诉孩子，要表达出希望孩子怎么做，让孩子感受到父母对他的爱。在谈心的时候，父母可以与孩子聊一聊你每天经历的事，也可以问问孩子一天的经历。当孩子告诉你今天做了什么不该做的事时，千万不要动怒，也不要训斥孩子，当孩子认为和你聊天没有被惩罚的威胁时，他才会无所不谈。

③给孩子属于自己的一点空间，避免偷看孩子隐私、偷听孩子电话。要想真正了解孩子，就要经常与孩子交流、沟通，尽量满足孩子的合理要求，并且主动帮助和引导孩子处理一些问题，这样才会赢得孩子的信任。

从孩子的角度看世界

美国教育家塞勒·赛维诺曾说过:"每个人观察和认识问题,都会有自己的视角和立足点。身份、地位不同,所得出的结论就不同。父母与子女的年龄悬殊、身份互异是影响相互沟通的重要原因。若父母能站在孩子的立场上思考,一切将迎刃而解。"

事实证明,从孩子的角度看世界是父母教育孩子的明智之举。大人的世界是大人的世界,孩子的世界是孩子的世界,尽管这两个世界实质上是同一个世界,但是其呈现在孩子和大人的不同视角中则大有不同。父母以大人的眼光和标准来要求孩子,势必会和孩子产生矛盾。孩子无法理解大人的思维,但是大人应当懂得孩子的视角。只有用孩子的眼光来了解和认识孩子的心灵,才能真正找到科学、合理的方法来纠正孩子不听话的毛病。

一天中午，幼儿园的老师要求小朋友画一幅画，内容是妈妈的脸。在老师的引导下，大部分小朋友都把妈妈的脸画得很漂亮，也比较完整。但当老师把所有小朋友的画收上来时，发现其中有一个叫盈盈的小女孩在画纸上只画了一条弯弯的线条，这让老师觉得很奇怪。于是，老师来到小女孩的身边，俯下身子问："盈盈，为什么你的画纸上只有一条线呢？这是妈妈吗？"小女孩坚定地看着老师，点头说："这就是我心目中的妈妈！"幼儿园老师心里很纳闷，便将此事告诉了盈盈的妈妈。

盈盈的妈妈听说了此事也感到疑惑，等把盈盈接回家，妈妈便问盈盈："这画上是妈妈吗？"盈盈坚定地说："我画的就是妈妈呀！"妈妈听了心里非常不解，她摸了摸盈盈的头，心里在想：这孩子不会是智力上有什么问题吧？直到有一天，妈妈送盈盈去幼儿园，途中盈盈的鞋带开了，妈妈像往常一样蹲下帮孩子系鞋带，系完后，抬头看着宝贝女儿时，才幡然醒悟：原来盈盈会将妈妈的脸画成弯弯的一条线，是因为孩子每次抬起头看妈妈时，最容易看见的是妈妈的下巴，而画纸上那条弯弯的线正是盈盈在描绘妈妈的下巴。

其实，这个孩子画出来的是最真实的妈妈，而只有当我们站在孩子的角度来观察时才能够明白。作为父母，只有以平等的身份对待孩子、信任孩子，做孩子的知心朋友，才能实现与孩子的良好沟通；相反，总以上级对下级的态度对待孩子，总是强调自己的观点与尊严的做法不仅得不到孩子的认同，而且会引起孩子的反感和对抗。

父母和孩子之间不是主人与奴隶的关系，而是一种平等、尊重、关心和信任的友谊关系，因此在家庭教育中，父母对孩子应该永远保持一颗真诚的心，客观地看待并主动地接受孩子的想法与行为。当对孩子表示不满时，直接对孩子表露感受。想要与孩子成为朋友，就应该放下架子，与孩子平等地沟通，慢慢地消除孩子对父母的抵触与逆反情绪。如果父母能够做到这些，孩子自然就会越来越听父母的话。

爱心指导

用孩子的方式，做孩子的朋友

①真诚。真诚意味着父母要客观地意识到自己在想什么、感受到什么以及做什么,在与孩子的交往中,不要有任何虚假。此外,父母还要向孩子传达自己真实的思想和感受,因为直接对孩子表露感受比用隐晦的方式要好得多。

②放弃大人的自我成见。父母放弃自我成见,营造民主的家庭氛围,在很大程度上可以让孩子更加自由地表达自己的想法和观点。

③学会换位思考。换位思考是了解孩子真实想法、快速拉近与孩子心灵距离的有效方法。当孩子遇到问题时,能够迅速从孩子的位置和角度来看待问题、分析问题,努力体会孩子的内心感受,考虑孩子当时的心情;以同情和理解的心态去对待孩子,让孩子感受到家长的关爱,才能有效地和孩子沟通。

④用开放性的语言和孩子交流。父母要学会用开放性的语言和孩子交流。尤其在向孩子提问的时候,用开放性的语言,有利于孩子通过积极思考来表达自己的想法,也有助于父母理解孩子的内心感受,使亲子关系更加融洽。

充分理解孩子的感受

每个人都希望得到他人的理解，而理解的基础是对他人的关心。只有关心他人，尽可能地了解他人的生活和内心世界，才能充分理解他人的感受，与他人成为真正的朋友。理解是人与人之间不可缺少的一种沟通方法，父母与孩子之间也是如此。但是，父母往往对孩子的很多行为不能理解，这时许多父母就会斥责孩子。而这种斥责是缺乏说服力的，因此只能让孩子变得越来越不听话。

> 妈妈是宝宝最好的朋友！

在家庭教育中，家长只有充分理解孩子的感受，才能谈得上教育孩子。理解孩子，就是了解孩子的内心，并以孩子的角度

第三章 让孩子把你当朋友

去思考问题，帮助孩子解决问题。正如苏联教育家苏霍姆林斯基（Suhomlinski）说过的："教育，首先就是理解。不理解孩子，不理解孩子的智力发展过程，不清楚孩子的思维、兴趣、爱好、才能、天赋、倾向……这就谈不上教育。"

可见，只有理解孩子的感受，父母才能与孩子做朋友；同时，孩子也就能对父母更加尊重、敬爱，也才乐意向父母倾吐心里话，父母也才能教育出听话的好孩子。反之，如果父母不了解孩子的感受，不尊重孩子的想法，就无法了解孩子的愿望和需求。缺少良好的沟通，孩子就会变得冷漠，这时候无论父母如何说教，孩子都不会听从父母的教导。

> 妈妈认为宝宝的想法比妈妈的更棒！

许多父母自认为天天与孩子生活在一起，为孩子供给充足的物质生活，这样就是了解孩子的感受。事实上，这些父母并不了解孩子的内心在想什么，并不知道孩子真正需要的是什么。其实，孩子最需要的是父母的关爱、理解、信任，这些意味着父母对他们的重视和鼓励，因而能真正触动他们的心灵，同时也能让他们感受到父母对他们的充分理解。

今年暑假放假比较早，因为天气炎热，学校延长了假期，妈妈怕小玲在家待着没意思，就为孩子报了小提琴班。一开始，小玲对小提琴的学习很有兴趣，每到周日都很开心地去上课，上完课回到家，小玲还会饶有兴趣地摆弄着小提琴"吱吱呀呀"练习。可是时间一长，因为总是练习重复的内容，小玲好像对小提琴失去了以往的兴趣。

> 小玲不想拉琴了！

> 妈妈知道做成每一件事都不容易！

有一次，上课时间快到了，小玲还磨蹭着不进去，即使是学会的曲谱也不认真拉琴，这让妈妈很生气。之后，只要看见小玲不认真练琴，妈妈就责备她，但是妈妈的责备并没有让女儿回心转意，反而使女儿越来越不喜欢小提琴，后来甚至对妈妈哭闹，与妈妈争吵，不去上课。

小玲的妈妈开始反思自己的教育方法，她尝试着站在女儿的立场上为她考虑。她想，即便是一个成年人，面对生活和工作，有时也会碰到让自己不耐烦或不愿意坚持做下去的事情，何况是一个幼小的孩子呢！既然领导能宽容下属，那么妈妈为什么不能宽容孩子呢？为什么当孩子出现逆反情绪时，家长还要严厉地责备孩子呢?女儿毕竟还是一个孩子,她想要的很可能只是妈妈的一句夸奖和对她的宽容。

想到这里,妈妈开始尝试着鼓励女儿,宽容和理解小玲的感受。有一天,小玲又不愿意练琴了,妈妈看见小玲噘着小嘴,就走到女儿身边,对小玲说:"小玲,是不是感觉练琴很辛苦啊?妈妈理解你现在的感受,妈妈也有烦恼的时候,也会像你一样不耐烦,不愿意再坚持做下去,所以妈妈现在不强迫你,由你自己选择练不练琴。但是妈妈想让你明白,一件事能做成功是不容易的。不过,不管怎样妈妈还是感觉你拉得不错,如果你还想练习,那就让我们一起从一段曲谱开始,认真、耐心地把它练习好。"

故事里小玲的厌烦情绪,在每个孩子身上都有可能产生,而能像小玲妈妈一样充分理解孩子感受的母亲,在现实中是不多见的。

孩子是父母的希望,但对于孩子来说,孩子希望父母能够与自己一起成长,理解自己的变化,尊重自己的意见。对于孩子产

生的幼稚行为,父母应该予以包容,并对其进行开导与纠正,而不是打骂和压制,更不能讽刺或嘲笑孩子的不成熟想法。

俗话说:"心灵需要理解才能沟通,感情需要理智才能升华。"父母只有做到真正理解孩子的思想意图,分享孩子的快乐,为孩子的进步高兴,为孩子的成功喝彩,才能与孩子进行有效的沟通,并且赢得孩子真诚的友谊,从而更好地教育孩子。进而,孩子也就能够在父母充满信任和爱意的目光中,一步一个脚印地走向成功,实现自己心中的理想。

爱心指导

替孩子着想

> 妈妈觉得宝宝可以再考虑一下得到最佳的答案,你觉得呢?

①当孩子表达自己意见时,父母一定要认真倾听,以表示对孩子的尊重。如果孩子说得不完整或有偏差,父母可以补充、纠正。在进行补充或纠正的时候,父母可以采用交流性的语言,如"妈妈认为……你再仔细考虑一下,总结后

再作出决定。"或是告诉孩子"妈妈的意见和你不同,我觉得……可能会更好,你感觉呢?"

②对孩子的一些行为不能理解时,父母不要以自己的思想来推测孩子的思想,而必须要主动"请教"孩子为什么这样做,让孩子敞开心扉,把自己的想法告诉父母。这样,父母才能真正找到答案,走进孩子的心灵,与孩子做朋友。

> 既然和同学们约好了,就不要迟到,不过要注意安全!

③在孩子与他人交往时,要理解孩子的心情,尊重孩子的选择。如果孩子与同学约好一起郊游,父母尽管担心孩子的安全,但也应该理解孩子的心情:既然孩子与别人有约定,就应该守信用,如果孩子不去,同学们很可能会看不起他,觉得孩子是个不守信用的人。因此,父母应该对孩子说:"既然和同学们约好了,就不要迟到,快去吧!不过要注意安全,祝你和同学玩得开心。"

允许孩子有自己的秘密

随着孩子的成长,孩子心中开始有了秘密,也正是因为这些"秘密",父母难免会感到失落和恐惧,失落是因为孩子与自己再不像从前那么亲近、那么毫无隔阂;恐惧则是因为太紧张,对孩子任何隐瞒自己的事都会往坏的方面做千万种联想。因为很多时候,孩子出事都与其隐藏的秘密有关,所以绝大多数父母都不希望孩子隐藏心中的秘密。

当孩子不愿将自己的秘密告诉自己时,有的父母采取强硬措施,或者通过偷看孩子的日记、手机等来达到自己的目的。显然,这种做法是错误的。这些行为容易给孩子幼小的心灵打下一个深深的烙印,那就是:父母是不可信任的!当父母让孩子产生不信任感时,彼此之间的交流沟通便不复存在了,父母也就失去了与孩子做朋友的机会,孩子也就不会再听父母的话了。

一天，幼儿园的老师向小亮的爸爸报告，说小亮在上课的时候和同桌的小女孩儿说话，老师第一次提醒过他之后，他停止了5分钟，然后就又开始说了。老师认为这个习惯不利于将来孩子上学，因此希望爸爸帮忙一同为小亮纠正一下错误。

晚上爸爸回到家，把小亮叫到自己的身边，问道："你和爸爸说说，你今天上课的时候和同桌的小朋友在说什么？"

小亮回答说："不说，这是秘密。"

爸爸一听，觉得很好笑，心想"你有什么秘密啊"，于是就说："你今天必须告诉爸爸，你说了什么，因为爸爸曾经告诉过你，上课要听老师讲课，不能说话，但是你今天说了两次，说明你实在是有开心的事，说来让爸爸也听听。"

小亮为难地说："可是这是一个秘密，我不能告诉你。"

其实爸爸本来是为了让小亮以后不要上课说话，但是却发现小亮一直在强调自己的秘密，于是有些好奇，就佯装愤怒地说："你今天如果不告诉我，你就站在这什么也别干！"

小亮委屈地哭了，但是却倔强地没有告诉爸爸自己的秘密。而且，在之后几天时间里，小亮都没有和爸爸说话。

后来，爸爸找到了小亮的同桌，问他们上课在说什么，同桌不情愿地说道："我们就是讨论一下上网玩什么的问题。"

日常生活中，有很多父母如案例中的爸爸一样，急切地想知道孩子心里在想什么，于是就会逼问孩子，其实这是不尊重孩子的表现，孩子也会因此对父母产生怨恨和不满情绪，从而使父母与孩子之间产生隔阂。在孩子的成长过程中，父母应允许孩子有自己的秘密，尊重孩子的个人隐私，努力和孩子成为无话不谈的朋友。

从教育学角度看，拥有秘密对于孩子的成长具有非常重要的作用。教育家孙云晓先生曾指出："秘密和责任是孩子成长的最好的营养品。"拥有秘密对于孩子的成长具有极其重要的作用。对个人来说，秘密往往与责任紧密相连，并且要求孩子要学会独立承担责任。从这个意义上讲，没有秘密的"水晶人"是永远长不大的，有远见的父母应当允许孩子有自己的秘密。

不管孩子保守的是什么秘密，当他决定缄口时，他就与自己的灵魂立下了一个承诺。无论父母以什么手段去挖掘这个秘密，实际上都是在伤害孩子的心灵，而不是理解、尊重孩子。如果想成为孩子的朋友，让孩子能够认真地听自己说话，并听从自己的教导，就应该允许孩子有秘密，尊重孩子的隐私，信任孩子。这样孩子才能自愿地与父母分享自己的小秘密，也会把父母当作最贴心的朋友。相反，不尊重孩子的隐私，只能换来孩子的逆反和不理解。

爱心指导

尊重孩子的隐私

①当父母接到孩子的伙伴打来的电话,或寄来的信件时,应主动把电话或信件转交给孩子,切不可偷听电话或私自拆开信件。

②当发现孩子有错误的行为时,最好不要直接逼问,可以利用和孩子谈心的方式,加以引导,了解清楚真实情况后,再帮助孩子寻求解决的方案。

给孩子一个自由的空间!

③当孩子心中有秘密时，如果孩子不主动向你倾诉，父母不要刨根问底、追问不停，更不能用命令的口吻逼问孩子。

④为孩子创造一片属于自己的空间，孩子可以对其进行自主管理。例如，开辟一个单独的房间，房间里的抽屉钥匙由孩子自主管理，父母不留备用钥匙。

⑤在家庭生活中，夫妻双方也应该互相尊重对方的隐私，不要互相猜疑、指责，而要互相关心帮助，为孩子树立榜样。

正确化解代沟冲突

父母与子女之间的代沟，已不是一个新鲜的话题了。从某种意义上看，代沟是一种心理存在。由于父母与子女之间价值观念、思维方式、行为方式、道德标准等方面的不同，从而带来思想观念、行为习惯上的差异，而面对这些差异，父母与孩子之间很可能形成摩擦，也可能产生代沟，从而导致两代人在解决问题方式、评价问题标准方面产生分歧、矛盾和冲突。

一些父母认为，自己的孩子自己生、自己养，每天生活在一起，还会出现代沟吗？但事实上，孩子身上每天都在发生着变化，尤其是孩子的心灵，如果不精心对待，父母根本不可能了解孩子到底在想什么，他需要什么。有些父母即使知道了孩子的所思所想，也未必就能够理解他们这些想法。

在一个寒冷的冬天，一只被驯养的老猫，见主人不在家，就跑到火堆边烤火，但是，老猫的尾巴不小心沾到了地上的汽油（当然，它并不知道），就在它靠近火堆的一瞬间，尾巴被火点燃了，疼得老猫尖叫起来，并用身体不停地扑灭尾巴上的火，结果老猫失去了半截尾巴。从此以后，老猫再也不敢离火堆太近了，并且对出生不久的小猫说："孩子，要离火堆远一点。"但是，年轻的小猫并不听劝，倔强地对老猫说："靠近火堆边多暖和啊，我一定要去。"小猫凭借着几分勇敢和好奇，一次次试着接近火堆，一次次体验到温暖和舒适。小猫渐渐地摒弃了老猫的劝告，无论老猫多么絮叨地管教小猫，小猫从不听从老猫的劝阻。

直到有一天，小猫因为贪玩，很晚才回家，老猫一边焦急地等待着小猫，一边起身张望着，担心着小猫的安危。终于，小猫带着一身肮脏回来了，老猫这才安心了，可一股熟悉而刺鼻的气味使老猫一颗刚落到肚子里的心，再次提到了嗓子眼儿。原来，小猫不知在哪里沾了一身的汽油，虽然老猫不知道那是什么，但它清楚地记得自己尾巴被烧的惨痛经历，它预感到要出事。当小猫准备靠近火堆时，老猫死活都不让小猫接近火堆，小猫不理解为什么老猫会突然变得那么不通情理，双方大闹了起来。最后，老猫成功地阻止了小猫。虽然小猫这一次平安无事了，但在小猫和老猫的心里却产生了深深的裂痕。

故事里的老猫就如同父母，而小猫的举动也正是孩子可能会有的表现。在孩子的成长过程中，只有尝试才能体验成长的快乐，但往往父母会用一些自己的经验来教导孩子该怎么做，当孩子不听话时，父母与孩子的分歧也就产生了。

代沟的产生影响了父母与孩子之间的交流与沟通，使父母与孩子的思想中极易形成一种偏见和歧视，轻则造成父母与孩子之间互相不理解，重则使得孩子会对家长抱有敌意。例如，孩子会认为，父母为什么总管着我，他们的思想已经过时了；而父母则认为，孩子怎么这么不听话，不按照大人的经验办事，很容易受到伤害。

但从另一个角度来看，代沟也是一种时代进步的标志。由于孩子正处于学习阶段，他们会用自己的方法去尝试探索一些新鲜事物，如果父母从中阻挠，就会使孩子感到厌烦，从而加深代沟冲突。

> 爱心指导

架起两代人之间理解和沟通的桥梁

1. 父母要与时俱进

父母与孩子之间的冲突只是代沟所反映出来的表面现象，更深层次上是父母与孩子两代人之间观念上的冲突。随着时代的发展，孩子在变迁了的社会中树立了新的观念，而父母却始终在用旧的观念与孩子沟通，这势必就会产生矛盾。只有父母与时俱进，通过自我学习以及向孩子学习的方法来更新自己已有的观念，才能跟上时代的发展。

2. 要让孩子找到幸福感

父母在与孩子进行沟通时，要对孩子适当宽容，让孩子找到幸福感，这样才能达到有效交流与沟通的目的，才能避免两代人之间产生冲突。让孩子获得幸福感的方法有很多，比如经常与孩子亲近；与孩子一起解决困难；考虑孩子的感受，善于与孩子进行感情沟通；按照孩子的能力为孩子设计目标，让孩子体会成功的快乐；家庭中有确定的行为规范准则，让孩子有所遵循。

3. 父母双方要态度一致

父母双方家教言语不一，很容易让孩子对家长的管教产生怀疑，当父母管教态度一致时，孩子才有可能接受家长的教育。此外，父母与孩子沟通的时候，实话实说也是非常重要的环节，否则沟通就可能会是无效的。

第四章

把孩子当成合作者

孩子为什么不合作

在家庭教育中，父母要想教育孩子，就要不断地调整自己的教育方法，提高教育的技巧。但无论采用什么样的教育方法，都必须有孩子的配合才能达到最好的效果。如果孩子不愿和父母合作，对父母说的话无动于衷，那么便无法实现教育的目的。

在很多家庭中，想要让孩子轻松愉快地与父母合作，是一件非常困难的事，因为父母与孩子关注的焦点不一样。从成人的逻辑来看，父母是孩子的长辈，孩子在家庭中就应该礼貌谦让、听从父母的安排，但孩子的想法往往不是如此，他们总是顽皮地、

第四章 把孩子当成合作者

无拘无束地,甚至是以"我"为中心地做自己想做的事。为此,很多父母都想不通,为什么孩子不愿与父母合作呢?为什么孩子会不听话呢?

1. 父母的教育态度和言语方式没有得到孩子的认同

身为父母,每天都在照顾孩子的日常起居、饮食,以及孩子的学习,这些都是需要孩子与父母合作才能完成的。当孩子不愿与父母合作时,许多父母几乎都在考虑同样的问题,就是:"孩子到底想让父母怎样做?他们在想什么?他们需要什么?"

虽然父母会这样想,但是经过几番周折后,考虑的结果大都是:"我的孩子太任性了,他做得太过分了!我得好好教育他!"于是,接踵而至的便是对孩子的指责、批评、打骂、恐吓,有时父母还会拿孩子与他人进行比较,对孩子进行警告、说教,甚至是嘲笑、挖苦孩子。

在这样的教育方式下,孩子连基本的尊重都得不到,怎么会乐于与父母合作?所以,要想让孩子快乐地与父母合作,就需要父母时常站在孩子的角度看问题,倾听孩子的心声、理解孩子,这样孩子才会乐于与父母开展合作。

2. 孩子的心理需求没有得到满足

在孩子的成长过程中，父母不仅要满足孩子的物质需求，更重要的是满足孩子的心理需求。如果孩子的心理需求得不到满足，他们往往就会表现出不合作的行为。所以当孩子表现出不合作的态度时，父母应该想到："孩子需要得到我的理解和认同。"

当父母把理解与认同表达给孩子时，他们会惊讶地发现：孩子不合作的意愿明显减少了。是的，父母的理解和认同是非常神奇的，它可以把孩子心中的不合作意愿减少到最低。当然，父母仅仅理解孩子是不够的，还需要与孩子沟通，让孩子知道自己确实理解他们。

晚饭前，奶奶正在厨房做饭，6岁的外孙女小洁想要吃蛋糕，小洁说："奶奶，我想吃蛋糕。"奶奶一口否决了孩子的想法："一会儿就吃饭了，等到饭后再吃！"小洁生气地说："我现在

> 爷爷知道你很想吃,但你还是要等到吃完饭后才能吃!

就要吃!"奶奶有点生气,说:"我不是说过了嘛,等到饭后再吃!"得不到想要的东西,孩子大声嚷了起来:"我就要吃,我现在就要吃,你就得给我……"

这时爷爷见状,赶忙对小洁说:"爷爷知道你很想吃蛋糕,可是一会儿就吃饭了,我们等到饭后再吃,好吗?"小洁听不进爷爷的话,还是哭闹着要吃蛋糕,不过口气已经没有之前那么凶了。这时,爷爷蹲下来,手放在小洁的肩膀上,认真地对她说:"爷爷知道你很想吃,并且马上就想吃,但你还是要等到吃完饭后才能吃。"孩子看着爷爷的眼睛,平静下来,说:"那好吧!"

其实,案例中的爷爷和奶奶的意思都是一样的,不一样的只是说话时的语气、表情和态度。大多数时候,孩子之所以反抗家长、不与家长合作,是因为他们没有感觉到被倾听和注视,以为家长不理解他们的愿望或需求,所以家长对孩子要有耐心,努力认同孩子的需求。但是父母应该明白，认同孩子不等于迁就孩子的不合理要求，而是用合理的语言和理解的态度，来赢得孩子的合作。

> 爱心指导

让孩子合作的方法

①当孩子不愿与父母合作时，父母要用真诚的语言感化孩子，让孩子认识到父母是理解他们的需求的，这样孩子才乐于与父母合作。

②如果想让孩子与自己合作，父母就要理解孩子的需求和愿望，让孩子做他愿意做的事。当孩子不愿合作时，可以用倾听和注视等方式，让孩子感觉到父母是关注、理解他们的，这样孩子才会接纳父母，同时也会与父母继续合作。

③当孩子始终不愿与父母合作时，说明父母的理解和认同没有让孩子感受到，父母不妨改变一下对孩子的关注态度。换一种方式与孩子说话，可能会让孩子更乐于合作。

合作始于尊重

美国总统林肯说过:"首先尊重他人,才能得到他人的尊重。"这是一条恒久不变的处世法则。尊重他人,不仅是尊重他人的人格,同时也要尊重他人的意见,只有当他人的愿望和需求得到理解和认同时,他人才会尊重我们的意愿。所以说尊重是合作的基础,只有在这个基础上,别人才愿意与我们合作。

对于家庭教育来说,孩子是家庭中的一员,是一个独立的人。每个孩子都渴望得到父母的尊重,他们也有自己的人格,也有自己的想法和需求。只有当父母理解、尊重孩子的需求时,孩子才乐于与父母合作。

富兰克林是美国第32位总统,他出生在一个民主的家庭中。在他小的时候,妈妈萨拉总是非常尊重他的意见。在一些非原则性的问题上,妈妈只是给富兰克林提出一些建议,她完全尊重孩子自己的意见。这不仅促进了富兰克林与妈妈之间的亲密关系，而且也使富兰克林非常乐意与妈妈合作。

也许在富兰克林的成长过程中，妈妈也希望孩子能按照自己的意愿做一些事情，但是当妈妈想让孩子与自己合作时，并没有强迫孩子听从自己的意见，而是非常尊重孩子的意愿。

原本萨拉是按照自己的方式安排富兰克林的作息的，可是到了5岁的时候，有一天，富兰克林忧郁地对萨拉说："妈妈，我不快乐，因为我感觉自己并不自由。"萨拉听了孩子的话，感到很惊讶，她回到房间里反思了很久，她在想，是不是她对孩子的要求过于严厉了，导致孩子反抗自己对他的管制。于是，萨拉决定多给孩子一些自由。

第二天，萨拉开始按照自己想的做了，她对儿子说："富兰克林，你的日常作息时间以后由你自己决定，你愿意在什么时间做什么事，你就去做吧，妈妈尊重你的决定。"富兰克林听到妈妈这样说，似乎感到很高兴，并开始了他的自由生活。他自己玩了一整天，妈妈也没有管过他。结果那天晚上，富兰克林成了一个疲惫不堪的小脏孩，累得拖着脚回到了家。这时，爸爸妈妈已经睡觉了，没有一个人问他今天去了哪里，都干了些什么。

就这样过了几天，富兰克林发现，受人忽视的自由其实一点也不好玩，后来，他又开始让妈妈给他安排日常作息，并认真地按照作息安排自己的生活，这让他感觉非常心满意足，更乐于与妈妈合作了。

正因为妈妈萨拉尊重了富兰克林的需求，满足了孩子的合理要求，才使富兰克林认识到：虽然自己的想法并不一定正确，但父母是尊重自己的想法的，有时听从父母的安排，与父母合作，也是一件非常快乐的事。

也许孩子是任性的，但是只要父母能尊重孩子的意见，理解孩子的需求，孩子也会主动与父母合作。例如，当父母要带孩子去参加一个重要的宴会时，父母也许会按照自己的想法给孩子挑选衣服，但这并不代表孩子乐意穿父母为他挑选的衣服。因此，如果想让孩子配合父母，那么首先要让孩子知道父母是尊重他的，不妨这样对孩子说："你来看看，你喜欢穿这件衣服吗？""我认为……你觉得呢？"这些话都可以让孩子感觉到父母对他的尊重。

如果孩子有自己的想法，父母千万不要强迫孩子，而是要学会变换教育方式，用尊重表示对他的理解，比如尊重孩子的意愿，让孩子尝试做自己喜欢的事。当孩子做自己喜欢做的事时，父母千万不要干涉孩子，要让孩子尽情地体验，当孩子感到自己的做法不好时，他自然会主动寻求与父母合作，听从父母的指导。

爱心指导

尊重孩子的意愿

1. 改变孩子以自我为中心的个性

> 要是你遇到这件事,你该怎么做?

家长要积极改变不科学的教育方式,不要溺爱孩子,让孩子经历各种不同的磨炼,适应不同的环境,消除以自我为中心的个性,让孩子学习了解他人的感受,与父母、朋友以及周围其他人合作。

2. 事先征求孩子的建议

当遇到事情尤其是和孩子密切相关的事情时,父母一定

要征求孩子的意见,并尽量尊重孩子的意愿。这样,一旦孩子需要做出任何决定,他也会主动跟父母商量,征求父母的意见,而不是隐瞒父母、一意孤行。

3. 保护孩子的自尊心

在孩子看来非常重要的场合下,家长要顾及孩子的"面子",保护孩子的自尊心,可以事先征询孩子的意见,看看他希望家长有怎样的表现,避免伤到孩子的"面子",否则不但会对孩子的心理产生不良影响,加重孩子的挫败感,更会激化孩子对家长的逆反心理。

4. 主动化解与孩子之间的矛盾

当隔阂已经出现在家长与孩子之间时,家长应主动寻找机会化解矛盾,如果通过交谈的方式解决不了问题,可以通过给孩子发邮件的方式进行沟通。此外,爱是化解一切矛盾的灵丹妙药,家长还应注意从多方面关心孩子,让孩子感受到家长对自己无私的爱。

孩子不是"麻烦制造者"

淘气是孩子的天性。因为淘气,有时他们会给大人制造许多麻烦。例如,天凉了让加衣服就是不加;地板凉可就是要光脚;不刷牙;把饭弄得满桌子都是;把屋子弄得乱七八糟;到吃饭的时间了还要看电视；不愿意做作业……面对孩子这些行为，很多父母都会无可奈何地说："你这孩子怎么那么不听话？"

无数家长为此烦恼，家里充满呵斥和打骂声，可是没用，火药味越发浓烈，问题却无法得到解决。接着，父母就会感到麻烦。那么，孩子为什么不顺从父母呢？其实，并不是孩子不想顺从父母，他们之所以有时会给父母制造麻烦，也许是"好心办坏事"，也许是想引起父母的关注，但无论如何孩子都有自己的需求和愿望，只是想得到父母的理解和认可。

一天，小语的妈妈正在洗衣服，小语却在一旁玩水，弄得客厅的地面全脏了。妈妈看见小语在玩水，本想呵斥孩子，后来想了想，觉得孩子玩就让他玩吧，反正一会儿也要擦地板，就没有再呵斥孩子。

过了一会儿，妈妈准备把洗净的衣服拿到阳台晾晒，因为太多，就先拿了一部分衣服过去。这时，小语从客厅跑到卫生间，看妈妈忙得热火朝天，自己也想帮忙，便把妈妈刚脱了水的衣服不停地往阳台拿，有些还掉在了地上。妈妈看见了，赶忙

喊:"小语,别动,都掉地上了,妈妈还要重洗。"可小语根本听不进妈妈的话,硬是"一心一意"地往外拿衣服,妈妈赶紧跑过去,从小语手上夺回衣服,生气地大喊:"妈妈的话你没听见啊?怎么这么烦人啊!快一边玩去。"小语只好乖乖地跑到一边玩魔方。

洗完衣服,妈妈顺便把擦地板的抹布放进洗衣服的脏水盆里清洗了一下,在一边玩游戏的小语,又来给妈妈帮"忙",他把桌布扯下来直接扔到了脏水盆里,妈妈大喊:"小语,你又来捣乱,哎呀,你真是好事不做,净捣乱。是不是欠打了!"说着便朝小语的小手打了一巴掌,然后把他抱进了卧室,放在床上,对他说:"不准再到处跑了,你跑来跑去,妈妈怎么干活啊?你再这样不听话,妈妈就要被你气病了。"小语见妈妈严厉地批评自己,又"打"自己,又不让自己玩,马上张口大哭起来。

妈妈见状,心里在想自己是不是不应该对小语这样,毕竟孩子还小,什么也不懂,也许他并不知道干净的餐桌布是不能放进脏水里的。可是,面对小语制造的麻烦,妈妈却感觉难以控制自己的情绪,这让妈妈感到很困惑,但她还是把哭得很伤心的小语抱了起来,安慰着孩子。后来,小语不哭了,怯生生地对妈妈说:"妈妈,我不再这样了,我以后听话。"妈妈说:"好,乖宝宝。"

故事里的小语的确是一个"制造麻烦"的孩子,但是如果小语的妈妈换一种方法教育孩子,小语就不再是一个麻烦的制造者,反而还能成为妈妈的小助手。

最近,小语的妈妈为了避免"洗衣服事件"再次发生,就在网上、书店中买了许多有关家教的书籍,想从书上看看到底怎样做才能让孩子快乐地与自己合作,做一个听话的孩子。

后来,小语的妈妈终于知道该怎么做了。一天周末,妈妈又要洗衣服了,这次妈妈与往常不一样,她看见小语正在家里跑来跑去,于是把小语叫到跟前,说:"小语,你与妈妈一起洗衣服吧。"小语想答应,但还是怯生生地对妈妈说:"你让我帮忙吗?"妈妈笑眯眯地看着小语,说:"妈妈乐意让小语帮忙,只要小语愿意。"小语高兴地说:"我愿意。"

之后,妈妈吩咐小语把桶里的脏衣服一件一件地递给她,小语按照妈妈的吩咐去做了,而且做得非常认真。接着,妈妈就把水和洗涤剂放进洗衣机里,一边放一边对小语说着自己在做什么,小语眨着眼睛,感觉洗衣机好神奇。洗衣机"嗡嗡"地响着,妈妈见小语好奇地在洗衣机周围转悠,就拉着小语的手说:"小语,你刚才看见了什么?"小语说:"妈妈,洗衣机为什么响?哪里在响?"妈妈说:"是洗衣机里面的机器转动的响声,等一会儿衣服洗干净了,你和妈妈一起清洗衣服泡沫,你可以帮妈妈用水瓢舀水。"小语说:"那我可以玩一会儿泡泡吗?"妈妈说:"当然可以,但是你要注意不要把身上的衣服浸在水里了,要是弄湿了衣服,小语就不能帮妈妈洗衣服了。"小语笑着点点头。

后来,小语按照妈妈说的话一步步地做,帮妈妈清洗完衣服以后,又和妈妈一起擦家里的地板,有时小语还笑眯眯地在地板上打个滚,看妈妈正准备要说自己时,就对妈妈说:"妈妈,我逗你玩呢!"妈妈便开心地笑了。

看完故事,也许很多人都在想,为什么小语后来会那么听妈妈的话,与妈妈合作洗衣服?其实,最关键的原因就是小语的妈妈懂得了如何去满足孩子的需求、理解孩子,并用孩子喜欢的方式与孩子合作。

人们常说"孩子是甜蜜的负担"。甜蜜,是因为孩子是家庭的希望,孩子的每一点进步都会给父母带去一份快乐和喜悦;负担,是因为孩子的成长本来就是一个漫长而又循序渐进的过程,在这个过程中会给父母带来烦恼和困惑,这样的烦恼多了,就会让人感到是一种负担。

因此,当父母面对给自己惹麻烦的孩子时,不妨换一种方式,从孩子的角度理解孩子的行为,让孩子感受到他是被父母关注的。当孩子得到这种信息后,就会慢慢接受父母给予的建议,接着父母再邀请孩子与你合作,相信他就会更乐意接受。

爱心指导

给孩子安排一些事

①如果孩子有帮助父母做事的意愿或行为,父母应该尽量鼓励和帮助孩子,让孩子做一些力所能及的事,如递个东西之类。这样既可以使孩子体验到快乐,又会拉近孩子与父母之间的距离,促进孩子与父母合作。

②当父母提出的请求，孩子不愿意接受时，父母应该思考一下，是不是自己没有满足孩子的需求和愿望，然后让孩子选择。当然，所给的选择必须达到父母预期的要求，保证所给予选择项都不超过预期的范围。例如，"你是吃饭还是吃馒头？""你是画画还是去做手工？"这样孩子就会按照他的选择去做一些事，也就不会给父母制造麻烦了。

③当孩子与父母合作一件事，并听从父母的安排时，父母一定要给予孩子相应的指导，教孩子该如何去做，当孩子懂得如何做了，再让孩子动手，这样不仅可以增进父母与孩子之间的沟通，也会让孩子认为与人合作是一件快乐的事。

④有时家长还可以采用提供时间的方法，给孩子安排一些事。例如，"你再玩五分钟睡觉，还是再玩十分钟睡觉？"而不是规定孩子必须按照自己说的去做。在没有压力的情况下，孩子更容易配合父母，做自己愿意做的事，而不会给父母找麻烦。

注意观察孩子的情绪

日常生活中,很多父母在与孩子合作时,并不注意观察孩子的情绪。他们总是希望自己在提出要求后,孩子能立刻执行,配合父母,但却忽略了孩子的感受。

如果此时孩子情绪非常低落,或正沉浸在游戏当中,很有可能听不进去父母的要求。在这种情况下,父母要求孩子完成一件事情,会使孩子心中产生一种不愉快的情绪,而且父母的态度越强烈,孩子的排斥心理也会越强烈,有了这样的情绪,孩子往往会变得很被动,不愿意合作。

因此,父母不妨根据孩子情绪的具体情况,优先考虑孩子的要求,哪怕父母很想让孩子与自己配合,也最好能表现得平淡一点、可有可无一点,最起码要让孩子放下心里的抗拒和排斥,然后再想一些比较有趣的办法来邀请孩子进行合作,这样孩子才愿意接受。

小云今年7岁，非常喜欢画画。一天，小云在客厅里非常开心地画画，妈妈让小云画完画后把客厅清扫干净，小云答应了。画完后，她便认真地清扫客厅，这让妈妈很高兴，只是，画完画的小云没把彩笔的笔帽盖好，这种马马虎虎的习惯很不好。

当妈妈第一次发现这件事之后，提醒小云，说："小云，彩笔没有戴好帽子，会感冒的。"小云说："我知道了，等一会儿再戴。"妈妈看见小云当时正在专心地洗抹布，心想孩子正在专心做家务，如果这时硬把孩子揪来盖笔帽，反而会打扰到她，孩子脾气一上来没准连家务都不想干了，所以妈妈就没有再说什么。

后来，当小云擦地板的时候，那些没有收拾好的彩笔其实是有点妨碍她的清洁工作的，于是，妈妈对小云说："擦完地以后，我们给彩笔戴上帽子收拾起来，好吗？"小云答应了。

等到地板擦好之后，小云好像有点累了，不停地打着哈欠，但是妈妈不希望彩笔的事情不了了之，就对小云说："我们来合作吧！一起给彩笔戴上帽子，一共四个，我戴两个，你戴两个。"小云提了提精神，说："好啊，你要哪个颜色？"妈妈说："你给我哪个，我就要哪个。"这时，小云已经主动去捡彩笔了。接着，小云拿着彩笔走到妈妈身边，说道："给你橙色和黄色的吧！这两个颜色比较像。"

当时，妈妈正在洗手间洗手，妈妈回头看着小云，说："可以，那你要红色和绿色吧。"然后，小云就自己在客厅里静悄悄地忙起来。过了一会儿，妈妈洗完手，走到客厅，发现孩子正在收拾彩笔，于是对小云说："你怎么没等妈妈就开始给彩笔戴帽子了？"小云并没有回答妈妈的问题，而是转过脸，看着妈妈说:"妈妈,我能要你的彩笔吗?"

妈妈想了想,估计孩子已经把红色和绿色的彩笔都盖上帽儿了,但是还想继续,所以才来问可不可以要自己的彩笔。实际上,妈妈当时是想直接答应小云的,但是感觉既然已经有了分工,就应该各司其职,所以就对小云说:"我们可以交换!"

小云听了这话,赶忙问:"我可以都要吗?"妈妈说:"那我怎么办?你都要了,我就没有了。"小云调皮地笑了一下,说:"那你就明天吧。"这时,妈妈知道其实小云已经是完全自愿地收拾完彩笔了,但是还是对小云说:"今天,妈妈也想,可是,没有了,那我就等到明天吧,明天我能给八个彩笔戴帽子吗?"小云说:"可以啊,我也要给八个彩笔戴帽子。"妈妈说:"好啊!那明天咱们继续合作吧!"

当妈妈同意了小云的要求之后,她就开始为橙色和黄色的彩笔去戴笔帽,在这个过程中,妈妈注意到,小云一直哼着不知什么调子的歌,心情很愉快。

收拾彩笔这件事儿,小云从开始拒绝到后来同意合作,直到最后的积极主动完成,这与她妈妈认真地观察女儿的情绪变化是分不开的。孩子的喜怒哀乐通常是很真实的,也很强烈,往往直接支配着他的行为。因此,当父母与孩子合作时,一定要注意孩子的情绪变化。

父母应注意观察孩子的情绪,让孩子在与自己的情感互动中,培养他们活泼、开朗的性格,寻找属于他们自己的乐趣。当孩子真正找到属于自己的快乐以后,父母再想与孩子合作,就不会有任何的障碍,因为这时他们的情绪是健康和开朗的。

爱心指导

注意观察孩子的情绪

①当孩子的情绪比较稳定时，父母可以邀请孩子与自己合作，同时充分满足孩子的合理要求，这样更有助于培养孩子与人合作的精神。

②当孩子情绪低落时，父母不应该勉强孩子与自己合作，而应该安静地坐在孩子身边，安慰孩子，等孩子情绪稳定后，再与自己合作。

③当父母要求孩子配合自己做某事，但是孩子需要思考的时候，父母千万不要催促孩子，催促只会让孩子心里产生一种抵触情绪。父母应该认真观察孩子的情绪，给予孩子思考的时间，并适当地限定他思考的时间，例如，"那好，妈妈给你5分钟的思考时间，五分钟后你要告诉妈妈答案。"等孩子作出表态后，父母再用有趣的方法让孩子主动合作。

别让孩子习惯于讨价还价

对于现代人来说，讨价还价并不是一个陌生的词。无论在商场还是在市场中，随处可见一些人为了买到经济又实惠的物品，用巧妙的方法与售货员商讨价格。虽然这种做法可以让购买者买到称心如意的东西，但是如果这种做法被孩子运用于与父母的合作中，那么会是什么样的结果呢？

第四章 把孩子当成合作者

小鹏今年6岁，是一个非常聪明的孩子。小鹏的妈妈为了让孩子能健康快乐地成长，就调整了对孩子的教育方式，给予孩子更多的民主性。但是自从调整教育方式后，她感觉孩子越来越不听话了，凡事都喜欢与大人讨价还价，有时甚至父母要向孩子妥协，这让妈妈很是烦恼。

一天晚上，妈妈要求小鹏坚持弹一个小时的钢琴，可小鹏却一直在和妈妈讲条件，他对妈妈说："如果你周末带我去动物园，我现在就去弹琴。"妈妈说："周末妈妈要加班没有时间带你去。"接着小鹏又说："那等弹完琴，我可以吃三块巧克力，我就去弹。"妈妈说："晚上吃巧克力对牙不好，你可以吃一块。"小鹏伸出两个指头，妈妈有些生气，但还是忍住了，说："那你先去弹，弹完后可以吃两块，但必须刷牙。"小鹏说："吃完就很晚了，我要睡觉，就不刷牙了。"妈妈严肃地说："不可以，不刷你就不要睡觉。"

很显然，如果孩子运用这种讨价还价的方式对父母说话，就

会很让父母反感。但是小鹏的这种说话方式早已成为其固定的习惯，所以可以说责任还是在于父母。

如果父母从孩子小时就开始纠正这种讲话方式，并用一种更好的方式来加以引导，那么孩子就会慢慢养成好的习惯。然而，一些父母急于求成，为了让孩子尽快与自己合作，就用物质奖励来引诱孩子。久而久之，孩子就会认为，在自己付出劳动之前，一定要知道自己究竟能得到什么好处，而且只有当自己与父母的合作公平时，才愿意与父母合作。这样一来，孩子也就养成了讨价还价的习惯。

其次，孩子之所以会与父母讨价还价，是因为父母在要求孩子与自己合作时，让孩子感到父母有"求"于他，这种"求"也会促使孩子争取自己的公平利益。

一旦孩子养成了这样的不良习惯，那么无论他们做什么事，都要与父母讲条件、做"交易"，如果得不到好处就不做。长此以往，孩子就会失去对其他事物的探索精神，不愿意去尝试学习新鲜事物，而且这种讨价还价的合作方式也会浪费大量的时间，使孩子专心学习的时间变得越来越少。

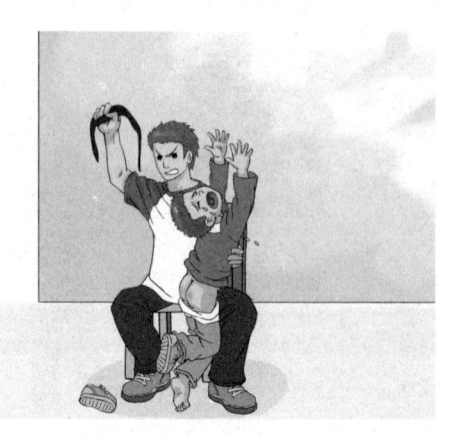

最终，父母会发现孩子的这种讨价还价是对自己权威的一种挑战，当父母没有耐心再听孩子讲条件时，孩子倔犟的讨价还价行为就会令父母情绪失控，甚至会对孩子大打出手，最终伤害的还是幼小的孩子。

因此，父母绝对不能让孩子形成与自己讨价还价的习惯。

爱心指导

制止孩子的讨价还价行为

①当父母想与孩子合作时，可以换一种方式说明自己的要求，比如先把自己的要求隐藏起来，这样对孩子说："作业要认真写，不然就得不到老师的表扬了。"当孩子顺着家长的暗示认识到不良后果后，便会主动配合家长。显然，这种方式比命令效果要好得多。

②当孩子开始讨价还价时，父母可以与孩子做一个约定，告诉孩子任何"讲条件"的行为都不能无休止地进行下去，都要按照原则办事。只有父母坚持原则，孩子才能感受到父母的权威，慢慢接受父母的要求，与父母快乐地合作。

③在要求孩子与自己合作时，一定不要养成用物质引诱孩子合作的习惯，可以用拥抱、抚摸、夸奖等方式，表示对孩子的奖励和赞扬，这样不但有助于培养孩子的良好习惯，同时也可以使孩子乐于与他人合作。

④如果孩子一定要与自己讨价还价，父母可以接受孩子的要求，让孩子按照自己的想法去做，同时也要接受讨价还价的后果，这样可以使孩子认识到自己这样做是错误的，因而也有利于孩子改正这一不良习惯。

赢得孩子合作的技巧

苏联教育家苏霍姆林斯基说过："要教育孩子，就要不断提高教育技巧。要提高教育技巧，就需要家长付出个人的努力，不断进修自己。"这说明父母要想教育好孩子，赢得孩子的合作，

> 你看你把玩具扔来扔去，玩具们又疼又累了，让我们一起来送玩具们回家吧！我们来比赛，看谁送得快！

> 我送得快，我一定比你送得快。

就要掌握一定的技巧，当孩子认为父母理解自己的想法时，他们对父母的抵制情绪也会随之减少，这时父母想赢得他们的合作就变得非常容易了。

小爱今年5岁了，记得3岁那年，妈妈就要求小爱自己收拾玩具，但是每次妈妈的要求都会以小爱的不合作而告终。不过每次小爱的妈妈都不会生气，也不会强制小爱，而是和小爱一起坐在地毯上，一边慢慢地收拾，一边对小爱说："好吧，让我们一起收拾玩具吧！你看，天黑了，别的小朋友都睡觉了，我们要尽快将玩具收拾好。"

这时，有点困倦的小爱，总会对妈妈说："你怎么知道别的小朋友都睡觉了？"妈妈侧着身，做出倾听的样子，悄悄地说："你听，到处都静悄悄的了。小爱，我们要尽快收拾，要不然，别的小朋友会嫌你吵着他们的。"小爱一边点着头，一边开始收拾玩具。

妈妈见小爱开始行动了，接着说："小爱跑得快，赶紧把远处的玩具送回家，妈妈会把近处的玩具送回家的。"小爱听见妈妈这样说，赶紧爬到角落把零散的玩具收拾起来，没过一会儿母女二人就把玩具收拾好了。小爱自觉地去了自己的卧室，然后说："妈妈，我想听个故事再睡觉。"妈妈说："可以，但是听完你必须睡觉。"小爱说："好吧！但是如果听完我还睡不着怎么办？"妈妈说："妈妈希望你能安心睡觉，因为妈妈也想睡觉了。"小爱说："好的，妈妈！"就这样，直到现在，小爱一直很愿意与父母合作。

有一次，小爱的小伙伴来家里玩，她们俩玩得很开心，但客厅却被弄得一团糟,地上、沙发上,到处都是玩具。就在她的小伙伴要求回家时,小爱却拦住了她,要求她收拾玩具,但小伙伴却说:"不,我不收拾,我要回家。"结果,小爱却对小伙伴说:"那好吧,那让我们一起收拾玩具吧,你看太阳都要下山了,我们要把玩具送回家才可以。"后来,两个女孩子认真地收拾起玩具来,而且彼此还有分工。

这是一个多么勤劳的小姑娘啊!不可否认,孩子之所以愿意与他人合作,有赖于小爱母亲对孩子的教育方式。在父母眼中孩子是幼小的,但这并不等于孩子不懂得与人合作。因此,父母想要赢得孩子的合作,那就要学会理解和认可孩子,满足孩子的需求。只要赢得了孩子的合作,孩子当然就会非常听话了。

假如父母要求孩子进房间收拾,首先要告诉孩子"需要回房间睡觉",父母可以这样对孩子说:"我看见你房间里很乱,我希望你的房间能一直保持整齐、干净。"然后,要求孩子回房间收拾。例如,对孩子说:"来,咱们比赛收拾房间吧,看谁收拾得好。"这样孩子会主动进入房间,接着父母就可以教给孩子收拾房间的方法。运用这样的技巧,孩子就会很听话,父母也会轻而易举地赢得孩子的合作。

爱心指导

轻松赢得孩子合作的技巧

1. 向孩子陈述事实，不要批评孩子

大多数情况下，当孩子不肯与父母合作时，有些父母一时着急，就会大声训斥、批评孩子，而这种指责的语气，只会让孩子感到父母不理解他，并且产生一种抵抗情绪，进而他们就会故意不与父母合作。相反，如果用温和的语气，将与孩子合作的内容如实地陈述给孩子听，让孩子知道自己该做什么，怎样去配合父母，在这种没有压力的环境下，孩子则会更容易与父母合作。

2. 向孩子直接地表达出你对孩子的希望

在一些父母看来，与孩子合作是非常难的一件事，只有当父母严厉地指责孩子后，孩子才会"乖乖地"听从父母

的安排。其实,这种做法是非常不正确的。因为当父母指责孩子时,孩子会认为父母只看到自己的缺点,而不会关心他需要什么,这样的想法会使孩子产生一种负面情绪,就算孩子按照父母的话做了,也是极不情愿的。因此,如果父母想让孩子主动、积极地合作,就应该直截了当地向孩子表达父母对他的希望,这样孩子就能意识到父母需要自己配合做什么,才能很努力地完成父母的要求。

3. 简短地表达你的合作欲望

当要求孩子做某件事时,父母总是试图用很多事实证明,父母需要孩子与自己合作,但孩子往往听不懂父母口中的大道理,有时甚至厌烦父母的说教。其实,父母根本没有必要说很多道理,那样只会徒增孩子的反抗情绪。相反,如果父母用简短的话语,礼貌地说明自己对孩子的要求,孩子自然会表明自己对这件事的意愿。只要父母坚持原则,孩子感受到父母的态度后,最终也会与父母合作。

4. 用有趣的方法吸引孩子的注意力

在父母与孩子合作的过程中，时常会出现父母说出了自己的需求，但孩子始终不理睬的情况。这时，父母可以采用竞赛、游戏等比较有趣的方法，引起孩子的注意，让孩子的注意力关注到你与孩子的合作上来，让孩子知道父母是关注这件事的。这样孩子也会关注同一件事，从而提高自己的积极性，主动与父母合作。

5. 要向孩子表达你的关注

每个孩子都害怕自己得不到父母的关注，尤其是在与父母合作时，如果父母只是一个指使者，那么孩子的被关注感就得不到满足，这样孩子就会感到孤独，而这种负面情绪会影响孩子合作的积极性，因此，当父母要求孩子做某事时，首先要关注孩子，让孩子感到自己是受父母关注的，父母是理解自己的。当孩子的需求得到满足时，他们才会产生与父母合作的意愿。

第五章
和孩子平等地对话

讲孩子能听懂的话

有时候,父母想放下架子,和孩子说说知心话,结果却发现自己说的话孩子根本听不懂,这让许多家长很不理解。其实,这并不奇怪,孩子毕竟年龄小,语言能力并不完备,理解能力也有一定的局限性,而且孩子的认识水平和认同标准与成人有很大区别……这些都会使孩子听不懂家长的话。

有关心理学专家指出,孩子在具有了关于周围世界的知识后,他的理解能力会受到所学知识的影响,也就是说在孩子理解

别人说的话之前,他并不顾及一句话的句子结构和实际内容,只是根据他自己对人或事物之间固定关系的理解,做出主观的、预期的回答,而不是根据成人的思维回答问题。父母只有讲孩子能听懂的话,根据孩子的认知水平和语言特点,慢慢与孩子进行交流,才能使孩子听懂父母的话。

圆圆今年3岁,是一个聪明伶俐的孩子,父母对她宠爱有加,但是圆圆有些任性,这让爸爸妈妈非常头疼。无论提出什么样的要求,只要爸爸妈妈不答应,圆圆就会哭闹不停,直到爸爸妈妈向她妥协,她才高高兴兴地去做事。

有一天,爸爸的一位同事到家里做客,吃饭前圆圆吵着要吃雪糕,而妈妈告诉她不可以,因为昨天圆圆有点感冒,如果空着肚子吃雪糕,感冒会更严重。然而,无论妈妈怎么说,圆圆就是执拗地站在冰箱旁边,又哭又闹地缠着妈妈。坐在一旁的爸爸无奈地对朋友说:"圆圆都是被我们惯的,一点儿也不听话,真没办法。"朋友笑笑说:"我比较有小孩子缘儿,我家孩子特别听我的话,让我来哄哄圆圆吧。"朋友走到孩子身边,蹲下身子,看着圆圆,开始苦口婆心地给圆圆讲道理,告诉她生病了不能吃雪糕,吃了感冒会加重,但是虽然圆圆安静下来了,却还是不听大人的劝,仍然站在冰箱前。朋友感觉成效不大,无奈地冲着爸爸笑了笑,然后,他把圆圆抱起来,圆圆刚想打开冰箱,朋友又对圆圆说:"幼儿园老师说了,'小朋友生病的时候不可以吃雪糕,要不然会把病菌传染到雪糕上的'。"圆圆听了这句话,似乎想起了什么,歪着脑袋,看着朋友,问道:"那我什么时候可以吃啊?"朋友笑着说:"等你病好了,就可以吃了。"圆圆似懂非懂地看了爸爸一眼，爸爸赶紧点头示意。

这时圆圆冲着妈妈喊："妈妈，我不吃雪糕了，我要吃饭。"妈妈说："好，真是个乖孩子。"于是，这场风波终于停止了。

圆圆后来之所以不再哭闹，是因为朋友用孩子世界里的话语方式和圆圆交流，最后使自己的观点得到了圆圆的理解与认可。小孩子并不了解感冒的原理，也不会理解为什么感冒后就不能吃雪糕，但是他们知道生病了是会传染的，所以当朋友告诉孩子，生病了会把病菌传染给雪糕后，孩子自然也就听懂了大人说的话，这样她就会按照大人所说的去做了。

在日常生活中，也许家长会常常碰见这样的事，因为家长常常以自己的方式理解孩子，而当孩子出乎意料地回答家长提出的问题时，父母才会恍然大悟，明白其中的道理。要知道当父母告诉孩子"一定要多吃点有营养的食物，这样你才会健康"时，也许孩子根本不懂父母说的"有营养的食物"是什么，所以当与孩子交谈时，一定要讲他们能听懂的话。父母在对孩子说话时，必须明白：亲子沟通的关键不是父母说了什么，而是孩子听懂了什么，感受到了什么。

> 宝宝多吃鱼，鱼很有营养的。

> 妈妈，营养是什么啊？

此外，值得父母注意的是，父母要说孩子能听懂的话，并不等于父母始终像孩子一样说话。实际上，随着孩子年龄的增长和理解力的不断提高，孩子的语言理解能力也在相应提高，父母们应该站在孩子的角度，适时地提高自己的语言层次与孩子开展对话。

爱心指导

说孩子的语言

> 宝贝……宝贝……乖……慢一点……别摔着……

> 妈妈……妈妈……画画……画画……

① 父母在和孩子进行交流时，要试着运用他们的语言。

孩子刚开始说话时，语速较慢，而且重复比较多，实词多虚词少，修饰词和代词也较少，大多数为简单句。年龄稍大些的孩子较多使用祈使句、疑问句，而较少用复杂句、陈述句。

②父母对孩子说话时，一定要让孩子看着你，并用比较慢的语速对孩子说话，可以说一些运用比喻、拟人修辞手法的话语，这样更有助于孩子的理解。例如，当你想让孩子收拾玩具时，可以这样对孩子说："把玩具收起来吧，你看你的玩具都找不到家了。"

③当父母想让孩子理解"老师像妈妈"这种思维跳跃比较大的话语时，一定要形象地引导孩子一步步去认识，例如，可以把妈妈和老师的头像放在一起，让孩子比较他们的头发长短、眼睛大小等有什么不同，然后用语言启发孩子，"妈妈和老师哪些地方比较像？"还可以询问孩子"妈妈和老师是不是对小朋友一样好？"这样的话语都可以引导孩子进一步理解父母所说的话，同时也能锻炼孩子对语言的理解能力。

④当父母发现孩子的语言能力有所增强时，就可以对孩

> 子讲一些比较复杂的语言让孩子来理解，这样可以让孩子的语言逻辑逐渐成熟，但不能操之过急，以免干扰孩子语言系统的正常发展。

善用爱的语言

中国人历来是以含蓄为美，不善于用语言直接表达自己对孩子的爱，尤其在与孩子对话的时候。例如，当孩子勇敢地克服困难时，许多父母只会对孩子说"继续努力"，而不会说"孩子，你真棒"。其实，父母并不是不爱孩子，只是不善于表达爱的语言。但对于幼小的孩子来说，如果不用语言表达对他们的支持、鼓励和爱，那么孩子又怎能感受到父母对他们的爱呢？

其实，在日常生活中，有很多时候都可以用爱的语言与孩子对话。孩子临上学前，父母可以对孩子叮嘱几句；当孩子快乐

地过"六一儿童节"时，父母可以说一句祝福的话；当孩子遇到困难时，父母可以说一些鼓励的话；当孩子睡觉时，父母可以说一句温馨的"晚安"等，这些都能充分地表达父母对孩子的爱。当孩子体会到被这些爱所包围的幸福时，自然也会用爱来回敬父母，听父母的话，做父母的乖孩子。

一天，查理回到家，和往常一样，拿了一张报纸，端起咖啡，正在浏览着报纸。8岁的儿子突然对查理说："爸爸，我爱你！"

之后，漫长的几秒钟里，查理愣愣地站在那里，不知道该怎样回答，他想：是该点点头，还是语气和善地"嗯"一声呢？他不知所措地看着儿子，问道："你想说什么？有什么事吗？"

儿子笑了起来，向屋外跑去。查理又把儿子叫回来，问他怎么回事。儿子笑着说："这是我们老师要求我们回家做的一个实验，你明天去问问老师，就知道怎么回事了。"

到了第二天，查理真的去了孩子的学校，问了孩子的老师。老师告诉查理，她只是想通过这个实验了解一下父母在对孩子情感表达方面的一些情况，结果发现，大多数父母的反应和查理一样。后来，这位老师还告诉查理，她的父亲一辈子也没有对她说过这句"我爱你"。

忽然，查理发现：这些在生活中打拼的父母，或许用在自己情感上的精力实在太少了，久而久之，也就不会表达自己的感情了。父母们应该知道，孩子不仅需要桌上的食物和衣柜里的衣服，还需要父母对他们说一声"爱"。回想一下自己的童年，好像自己的父亲也从来没有对他说过这句话。

就在那天晚上，当查理走进孩子的房间，准备向孩子说"晚安"时,突然思路一转,他用一种深深的、富有慈爱的声音对孩子说:"晚安,亲爱的,我也爱你!"

孩子的脸上突然显现出惊讶和感动的表情,查理看着孩子,一种说不出的酸涌上心头。查理暗自想:"早知道如此,我会天天这样对你说的。"

可见,父母对孩子的爱真的需要说出来。父母只有善于使用爱的语言,让孩子知道他们的爱,才能唤起孩子的爱。

一位教育家说过:"世上没有不听话的孩子,只有不会教的

父母。"很多父母往往在内心因孩子某方面的优秀而骄傲，但口头上却总是不愿意表达出来。实际上，孩子非常需要父母经常对他们说出"你真棒""太好了""你一定能行"这样充满爱、鼓励和认同的语言。

因此，在对孩子的教育上，父母应该经常使用爱的语言。从今天开始，如果父母能够直接用语言向孩子表达爱，那么批评就会减少，孩子就会从父母的语言信息中感受到爱。试想，如果父母做到这些，孩子还会不听话、与父母对抗、无理取闹或者不尊重父母吗？

爱心指导

善于用爱的语言与孩子对话的技巧

①在日常生活中，注意向孩子表达父母对他的爱意。例如，拍拍孩子的肩膀；用真诚的目光注视着孩子；摸摸他的小脸；给孩子多一些微笑；或是当孩子做了一件好事时，说一句"你是一个善良的好孩子"……这些都可以让孩子感

到温暖,感受到父母对他的爱。

②当孩子做了一件助人为乐的好事时,父母应该对孩子说:"你真棒,你的行为让妈妈感到自豪。"而不是对孩子微笑着说:"嗯,知道了,继续努力哦!"父母对孩子说出的话语里,要饱含着对他的爱,孩子才愿意听从父母的教导。

③当孩子犯了错时,父母应该对孩子说:"你这种行为是不正确的,你犯这样的错误让妈妈感觉很痛心。"而不是对孩子说:"你知道错了吗?以后不准再犯。"生硬的话语,只会让孩子感觉自己是一个罪人,是一个不被父母爱的人。

④当孩子受到委屈时,父母应该对孩子这样说:"妈妈(爸爸)能理解你现在的心情,但是妈妈(爸爸)要告诉你,你要学会坚强,妈妈(爸爸)会为你的坚强感到骄傲。"而不是对孩子说:"不要难过了,要学会坚强。"这样没有感情的话语,孩子是不会理解的。

一次不要说太多

日常生活中，大多数父母对孩子的教育都是苦口婆心，但效果并不理想。表面上看来，他们是在与孩子公开交谈，殊不知正是他们的某些话堵住了孩子的嘴巴和耳朵。最常见的弊病就是某些父母采用的教条似的长篇独白，一开始就是："我像你这么大的时候，我在……"许多孩子听到父母说这话的时候，都会不耐烦地说："你们的那个时代已经过去了。"孩子对父母的这种表演评论感到非常厌烦。

家长在教育孩子时，应秉着严肃、认真的态度去对待，不能一味地对孩子进行长篇大论式的大道理说教，长此以往，不但会影响到亲子关系，还会让孩子产生逆反心理，变得不听话。

有一次，美国著名作家马克·吐温（Mark Twain）到教堂听一位牧师关于募捐的演讲，最初，他觉得牧师讲得很好，很令人感动，于是，他从口袋里掏出自己身上所有的钱，准备全部募捐给教堂。结果，过了十分钟后，牧师还没有讲完，他有些不耐烦了，决定只捐出一部分零钱。又过了十分钟，牧师还没有讲完，他决定一分钱也不捐了。当牧师终于结束了冗长的演讲开始募捐时，马克·吐温由于气愤，不仅没有捐钱，相反，还从盘子里拿走了两元钱，来报复这个啰唆的牧师。

这个故事告诉我们：一个人的心理承受能力是有限的，如果刺激过多、过强或作用时间过久，就会引起人的不耐烦或逆反心理，最终导致谈话从有效交流转变成无效交流。这就是所谓的"超限效应"。

孩子当然也具备"超限效应"，只有当谈话的内容没有超限时，孩子才能接受。因此，父母在与孩子谈话时，不妨多听少说，一次不要说太多，简明扼要地告诉孩子想与他谈论的事，引导孩子进入谈话的主题，还要点到为止，适时结束，给孩子留一些思考的空间，这样孩子也许更愿意与父母谈话。

另外，家长要减少对孩子进行笼统的大道理说教。大道理听

起来气势汹汹,但是可操作性很差。孩子的理解力是有限的,他连弄明白这些大道理的意义都很难,更没有办法将大道理和自己的实践结合起来了。所以父母往往说了一堆大道理,到最后孩子还没弄明白就忘记了。因此,父母应当就事论事,具体问题具体分析,针对孩子的具体情况,量体裁衣,制定出有效的方法,这样孩子才会更加愿意接受。

爱心指导

学会具体问题具体分析的方法

①对于年龄较小的孩子,父母可以利用游戏、故事等切入谈论的主题,当然,故事、游戏体现的道理一定要鲜明,这样才便于孩子理解。

②惩事不惩人,就事论事。家长应就事论事,不能因为孩子某一方面的过错而全盘否定他作为人存在的价值,不能将对孩子某一行为的不满迁移到孩子的其他行为上,而应将孩子的不良具体行为与孩子这个主体的人区别开来。

③学会控制自己的情绪和情感。面对孩子,父母要学

会自我控制，保持理智，保持清醒的大脑。父母一旦情绪失控，势必会影响孩子的情绪，很容易导致家庭教育走向失败。

④不要伤害孩子。家长在教育孩子时，应在尊重孩子、保护孩子自尊心的基础上，对孩子进行简单的说教，避免使用刺伤孩子的话语，更应避免采取粗暴的行为。

尽量做到和颜悦色

温和是一种友善的表现，当我们在与他人交谈时，我们的态度直接可以表明我们是否愿意交谈。例如，当我们在交谈时，态度非常粗暴，那么对方就会从我们身上感受到一种威胁与压制，这种谈话很可能是一种上级对下属的不平等对话；但是如果我们的态度是温和的，表情也和颜悦色，那么对方就会从我们身上感到一种和谐、平等的气息，这样的谈话才会更加受欢迎。对于家庭教育来说，也是如此。

父母要想让孩子在谈话中感觉到平等，就要尽量做到和颜悦色。如果父母在孩子面前总是处于居高临下的地位，总是以一副威严的面孔面对孩子，以严厉的语气对孩子讲话，无形中便会使孩子产生一种畏惧心理，从而不敢和父母交流，甚至产生反抗心理。这样，父母与孩子的谈话不但达不到教育的目的，反而会阻碍亲子间的沟通。

今年刚上小学的王虎是一个非常调皮的孩子，每天放学后，他总是放下书包就跑出去玩，从来不主动做功课。有时，他会在父母的训斥下回家，勉强坐下来做功课，可是很长时间也做不完，而且做得极其不认真，错误很多。为此，父母总是训斥他，有时还打骂他，但他总是改不掉这个坏习惯。

一天，王虎的小姨去了他家，正巧碰见妈妈因为他作业不认真而训斥他。王虎非常倔强，不管妈妈怎么责骂他，他就是不说话，让他重新把作业做一遍，他也不去，一时间把妈妈气得直想打他。王虎的小姨见此情景，赶紧拉住了妈妈，说："姐姐，你去客厅休息会儿，给我们做饭吧，把孩子交给我，我来跟他谈谈。"于是，妈妈出去了。

王虎的小姨是一位小学教师，教育孩子的办法比较多。小姨把王虎房间的门虚掩上,走到王虎身边,摸着他的头说:"虎子,你刚才在外面玩得开心吗?"王虎说:"还行吧,也不是特别开心。"小姨接着问:"那你妈让你做功课,你为什么不认真做呢?"王虎噘着嘴,不高兴地说:"妈妈对我太凶了,总是不停地骂我,我爸也是那样,有时还打我,我就是想和他们拗着来,他们越让我做功课,我就越不写,故意气他们。"小姨看着王虎不高兴的样子,问:"那你感觉完成作业再去玩好,还是玩好了再做作业好?"王虎低着头,不说话。小姨蹲下来凑到王虎面前,说:"你是不是觉得做完作业再去玩,心里会比较舒服,作业写完了,爸爸妈妈也就不会再骂你了,而且你心里也不会有压力,才会玩得开心一些,是这样吗?"王虎点了点头。小姨拍着王虎的肩膀,说:"嗯,小姨知道,虎子是一个懂事的好孩子,不仅聪明还爱学习,不管爸妈催不催,你都会主动完成作业的,是这样吗?"王虎听见小姨夸自己,有点不好意思,赶紧从书包里拿出作业,坐在书桌旁认真地写了起来。

不难看出,王虎之所以会听小姨的话,原因就在于小姨以温和的态度与孩子对话,让孩子说出了心中的烦恼,并用和颜悦

色的态度引导王虎反省自己的错误,从而使孩子由不听话变得听话,并且主动、认真做起了功课。

父母与孩子是世界上最亲密的人,父母与孩子的对话也应该是亲切的、温馨的。在家庭中,父母和孩子的地位是平等的,父母应该尊重孩子的感受,尽量做到和颜悦色,在温馨的谈话氛围中,向孩子说出自己的心声。只有这样,孩子才会愿意接受父母的教导,听从父母的建议。

爱心指导

轻松做到和颜悦色的方法

①当父母为了孩子的错误烦恼时,不妨冷静下来,平心静气地与孩子交谈,分析孩子犯错误的原因,引导孩子认识到错误,主动改正错误。如果父母自己冷静不下来,可以停止谈话,到自己的房间沉默、反省一会儿,再开始交谈。

②在交谈中,如果孩子一时情绪非常激动,父母必须温和地告诉孩子冷静下来,或是沉默一会儿。当孩子冷静后,父母不妨把孩子当成自己无话不谈的好朋友,接纳孩子,用

关切的态度询问孩子内心的想法,只有这样,孩子才能感受到父母的爱,同时也会乐意与父母交谈,并听从父母的教导。

③如果在与孩子的谈话中,孩子的意见和父母的建议发生冲突,父母一定要控制好自己的情绪,尽量做到和颜悦色,千万不要对孩子大声斥责。即使自己的建议是正确的,也一定要等孩子说出自己的看法后,再与孩子协商,找出他愿意接受的做法,这样才能引导孩子向父母所希望的方向发展。

第六章

倾听孩子的心声

孩子都有自己的心声

现实生活中,家长望子成龙心切,让孩子按照自己的安排去生活、去学习,结果却往往适得其反,孩子的能力不但没有提高,反而还常常反抗父母,与父母对着干,许多家长为此而感到苦恼。仔细想想,之所以会出现这样的反差,是因为家长只为孩子创造了良好的物质条件,却忽略了孩子内心的想法。

苏联教育家苏霍姆林斯基曾说过:"真诚的关切是和谐发展的一般基础,在这个基础上,各个品质都会获得真正的意义。"

第六章 倾听孩子的心声

每个孩子都有自己的心声，家长在教育孩子的过程中，只有走进孩子的内心世界，和孩子进行心与心的交流，才能使孩子接受自己的想法，使孩子真正听从家长的教导。孩子虽然年龄小，但对事情的认识不比成年人差，当孩子对某事有自己的看法时，家长应该鼓励孩子说出自己的看法，认真地倾听孩子的心声，有时甚至可以听一听孩子的抱怨或委屈，孩子会感受到家长对他们的关心。

在一次亲子家庭活动中，活动主持者号召孩子们以写纸条的方式向自己的父母进言，但不用写名字，孩子们在一本厚厚的进言本上写下了自己的心声。

一个女孩的诉说是："爸爸妈妈，我不希望你们太纵容我。因为我不能使你们有求必得，你们也不该对我有求必应，有时我的无理要求，只是对你们的测试，请你们不要答应我。"

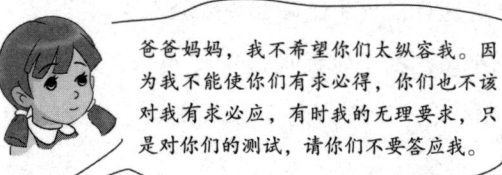

爸爸妈妈，我不希望你们太纵容我。因为我不能使你们有求必得，你们也不该对我有求必应，有时我的无理要求，只是对你们的测试，请你们不要答应我。

爸爸妈妈，请你们不要再用讥笑和讽刺方式对待我的过错这样除了使我感到更加自卑和伤心外，什么也得不到。当我向你们提出问题时，请别嘲笑我的幼稚，更不要不理睬我，否则我会转而去问别人，同样不去理睬你们的意见。

一个男孩的诉说是:"爸爸妈妈,请你们不要再用讥笑和讽刺的方式对待我的过错,这样除了使我感到更加自卑和伤心外,什么也得不到。当我向你们提出问题时,请别嘲笑我的幼稚,更不要不理睬我,否则我会转而去问别人,同样不去理睬你们的意见。"

一个"小皇帝"的诉说是:"爸妈,如果你们总是把我当'小皇帝',那么你们就失去了对我的教育机会,因为皇帝只会命令奴仆去做事,而不会听从奴仆的教导。况且,你们是生我养我的父母,不是我的奴隶。"

一个非常想自立的孩子说:"请别对我照顾得过细,保护得太多,因为小鸟躺在窝里,是永远学不会飞行的,既然你们说理解我,那就相信我一次,让我飞一次吧!"

一个敢于承担责任的孩子说:"爸爸妈妈,请别为我的行为承担后果,我所做的应由我自己来承担,即使是痛苦的后果也一样。只有这样,我才能亲自去体验人生。"

一个顽皮孩子的诉说是:"妈妈,请你不要总在客人面前纠正我的错误,如果你能等客人走后,单独对我讲,我会改正得更快些。"

一个腼腆女孩的诉说是:"爸爸妈妈,我知道自己的毛病很多,但请你们不要过于为我的毛病担心,其实有时我是故意犯毛病,只是为了引起你们的注意,所以,请你们不要把我丢在一边不管,让我也参加你们的家庭谈话吧。"

一个脾气暴躁的孩子说:"妈妈,请您不要总在我耳边唠叨个不停,不然我会装聋作哑的,而且我也不喜欢您为我护短,因为我明白,护短只能越护越短,最后失去自我。"

第六章 倾听孩子的心声

一个优等生的诉说是:"爸爸妈妈,请你们不要对我的期望过高,我只想按照自己的能力办好我认为值得的事情,同样我也不会把你们想象成一个完美的人,因为我不想让你们失望,更不想你们让我失望。"

……

> 爸爸妈妈,请别为我的行为承担后果,我所做的应由我自己来承担,即使是痛苦的后果也一样。只有这样,我才能亲自去体验人生。

> 爸爸妈妈,我知道自己的毛病很多,但请你们不要过分为我的毛病担心,其实有时我是故意犯毛病,只是为了引起你们的注意,所以,请你们不要把我丢在一边不管,让我也参加你们的家庭谈话吧。

> 妈妈,请你不要总在客人面前纠正我的错误,如果你能等客人走后,单独对我讲,我会改正得更快些。

从上述孩子发自内心的呼声中不难看出,其实每个孩子都有自己的心声,但是许多父母并不知道孩子的这些想法。孩子之所以会和他们产生矛盾,甚至出现了代沟,原因也正在于此。所以,要想教育出听话的孩子,就应该倾听孩子的"心声",因为理解,才会得到尊重;只有尊重,才能认可孩子的想法。只有这样,家长才能走进孩子的内心,拉近与孩子的距离,让孩子更愿意表露自己的感情,更愿意听从家长的想法,家长和孩子才能做到有效的交流,达到最好的教育效果。

爱心指导

读懂孩子的心声

①当孩子兴奋时，父母应该询问孩子，并认真听孩子诉说，听完后，父母应该表现出自己也非常感兴趣。绝不能嘲笑孩子的幼稚，或者觉得无聊而斥责孩子；如果只是简单地应声"嗯"，也可能会让孩子不愿说出自己的心声。

②当父母发现孩子委屈时，应该及时询问孩子，倾听孩子的心声，并疏导孩子的不良情绪，绝不可大声斥责孩子的过错。当孩子感受到父母倾听了自己的诉说，而且并没有责怪自己时，他们就会非常愿意倾听父母的建议，这时候父母也就可以给孩子讲一些道理。

③孩子的内心是纯净的，他们不听话的时候总有自己的道理，所以，当孩子向你诉说的时候，父母应当通过孩子的语言洞察孩子内心的想法，发现问题的所在。例如，孩子有时候会抱怨和同学、小伙伴的关系没处理好，这时家长要帮

助孩子分析原因所在——是不是孩子性格的问题？是不是和小朋友之间存在什么误会？并耐心地帮助孩子寻找原因，使孩子更好地与他人沟通交流。

④父母在倾听孩子诉说时，可以适当地提一些问题，引导孩子来表达他的想法，例如，"哦，是吗？你认为他们这样做对吗？""对于这件事，你可以告诉我你的想法吗？也许我可以帮你"，等等，这样既有助于弄清楚孩子的想法，又有助于提高孩子的表达能力。

做一个耐心的倾听者

倾听是一种人与人之间的沟通艺术，《圣经》里曾说："上帝赐给我们两只耳朵，一个嘴巴，目的就是让我们少说多听。"

在父母与孩子的沟通过程中，父母倾听的态度，也许比对孩子不停地说教更有用。在倾听孩子说话的时候，首先要做到耐心。人们往往缺乏听别人诉说的耐心，而面对表达能力有限的孩子，父母可能就更加不耐烦了。但是作为父母，只有耐心地倾听孩子的诉说，才能了解孩子的境况和心情，并及时地帮助孩子。

从心理学上看，孩子的内心是脆弱的，有时候，他们本想向父母倾诉内心的快乐、愤怒、恐惧、压抑和悲伤，父母由于一时性急，却抓住孩子的错误对孩子横加指责，而不是耐心倾听孩子的诉说，导致孩子逐渐将自己的喜怒埋藏在心里，封闭了自我，不愿与大人进行交流。这样下去，孩子的情绪找不到发泄和化解的出口，积累到一定程度就可能突然爆发，变成对父母的一种对抗情绪。父母只有做一名耐心的倾听者，耐心倾听孩子的诉说，才能使孩子意识到自己在家庭中的重要性，也才能使孩子学会以平等和尊重的心态去对待他人。

夏天的闷热让人心烦气躁，每个人的心都像被太阳烤干了一般，一点点摩擦就会让人发脾气。

第六章 倾听孩子的心声

一天下午,宋晓萌满身是汗地送女儿去学校。她骑着自行车在车流人流中艰难地穿梭着。女儿坐在妈妈的车后,诉说着前几日班里同学闹别扭的事,心烦意乱的宋晓萌毫无反应地听着女儿的诉说。

女儿说着说着,见妈妈没有反应,心情很低落,渐渐地,声音变弱了下来。突然,女儿叫了起来,说:"哎呀,妈妈,我差点忘了,下午手工课,老师让我们每人准备一盒橡皮泥。"宋晓萌不耐烦地下车,将车掉转方向,对女儿呵斥道:"刚才路过文具店的时候怎么不说,早干吗去了!"她板着脸带着孩子返回文具店,谁知她刚上车,女儿竟然气呼呼地跳下自己的车,恨恨地说:"不买了,我回家了!"说完,头也不回地往家里跑。

虽然心里生气,但宋晓萌还是怕孩子出事,便紧跟其后。到了家,宋晓萌再也憋不住心中的怒火,冲着女儿开始质问她为什么这么不听话,结果,女儿满脸泪痕地望着她说:"妈妈,你知道吗?我们小孩儿在家里太可怜了!"宋晓萌被女儿的这一举动吓了一跳。女儿哭泣着、哽咽着说:"妈,你们大人有心烦的事了,可以对我们发火,那我们就没有心烦的事了吗？你知不知道，我今天给你说的同学之间闹别扭的事，那个女孩就是我，我有时真的好难受，心里有话想对你说，你却不耐烦，还对我发火……"

女儿的一番话，让宋晓萌心中一时间无法平静下来，她知道她不该对孩子不耐烦，而自己刚才粗暴的态度已经伤害了孩子幼小的心灵。

经过反省，妈妈终于理解了孩子的内心。从那以后，只要女儿找妈妈谈心，宋晓萌都会耐心地倾听孩子的诉说，帮助孩子解决问题，她知道，不仅应该在学习和生活上关心孩子，更应该细心地去体味孩子那一颗渴望得到理解的心。

从此，她与孩子之间的沟通越来越密切，女儿也变得越来越听话。

从以上案例可以看出，有些时候父母跟孩子沟通交流，并不需要说些什么，只要耐心地听孩子把话说完，孩子就很满足了。父母作为倾听者所给予孩子的关注、尊重和时间，是对孩子最有效的帮助。

其实，孩子是喜欢对父母倾诉的，也希望能从父母那里得到情绪上的安慰。因此，当孩子向父母倾诉时，父母不要打断孩子的话，或者表现出一种厌烦的态度，那样就会伤害孩子的自尊心。时间长了，孩子还会对父母失去信心，对父母缄口不言，实行自我封闭。唯有耐心倾听孩子的心声，倾听他们对世界的理解和对未来的梦想，父母才能真正走进孩子的心灵深处，成为孩子无话不说的朋友。

爱心指导

做最好的听众

1. 有兴趣地倾听

做父母的不应该只关心孩子的吃住、冷暖，还要关心孩子感兴趣的事情。对于孩子的诉说，做到有兴趣地倾听，不要孩子才说了没几句话，父母就表现得极不耐烦；避免说一些让孩子扫兴的话，如"早知道了！早知道了！别烦我了！该干啥干啥去吧，没工夫听你啰唆！"

2. 最近距离地倾听

听孩子说话时，父母要避免居高临下的姿势，应表现出有兴趣的姿势，如尽可能弯腰或蹲下来与孩子平视，最近距离地倾听，同时注意与孩子眼神的交流，用眼睛来表达自己的兴趣和愉悦。

3. 让孩子感受到你的专注

在倾听孩子讲话时，父母要把自己的专注传达给孩子，让孩子感受到自己的每一句话，父母都认真倾听了。此外，为了更好地表现出对孩子讲话的重视，父母还可以用语言或者表情来回应孩子。当父母时而夸奖、时而询问孩子时，孩子就会感受到父母对他的讲话很感兴趣；当父母表现出时而微笑、时而吃惊的表情时，孩子就会感受到父母对他讲话的内容非常在意。

帮孩子说出他们的心里话

在日常生活中，孩子的情感是非常丰富的，他们也会像成年人一样愤怒、忧虑、悲伤、消沉、羞愧和激动，他们也有着自己的理想和愿望。只是由于年龄小，语言能力尚不完善，他们无法像成年人那样流畅地把自己的感情表达出来，于是就造成了父母

第六章 倾听孩子的心声

的不理解甚至是误解。久而久之，孩子与父母之间就逐渐出现了代沟，父母开始不理解他们的行为。

因此，在倾听孩子心声的时候，父母要做的不只是简单地倾听，还要理解孩子的感情，与孩子产生共情，并帮助孩子说出自己的想法。尤其是对于年龄较小的孩子，父母更应该耐心地倾听，分析孩子的感情，如果发现孩子的这种感情是正常、合理的，父母可以帮助孩子表达出这种情感，使孩子体验到语言的魅力。

一天晚上，乐乐不停地在房间里徘徊，有时会不停地到客厅接水。看到孩子不安心做功课，爸爸猜想儿子可能发生了什么事。于是，爸爸切了点儿子最喜欢吃的水果，端进了儿子的卧室，关切地问："乐乐，今天晚上有什么事吗？爸爸怎么看你心神不宁的，是心里有事吗？可以跟爸爸说吗？"乐乐红着眼圈对爸爸说："爸，我们班上的牛牛前阵子被查出患有急性白血病，班上说好了周末一起去看看他，可是还没等到周末，牛牛就大出血去世了。我心里觉得好难过、好后悔，要是早点去看他，可能……"乐乐再也控制不住情绪，大哭起来。爸爸明白儿子现在的心情，搂着儿子说："乐乐，在你身边发生这样的事，爸爸心里也感到很难过，但是有一点你应该记住，'男儿有泪不轻弹'，人应该学会坚强。人的生命是短暂的，但我们可以在这个短暂的时间里，做更多有意义的事情。你认为是这样吗？"乐乐擦干了泪水，与爸爸谈论起自己对生命的理解。从与爸爸的谈论中，乐乐渐渐地放下了心中的负担，懂得了人活着的时候要珍惜生命，也要珍惜身边的每一件事物。

> 乐乐，在你身边发生这样的事，爸爸心里也感到很难过，但是有一点你应该记住，'男儿有泪不轻弹'，人应该学会坚强。人的生命是短暂的，但我们可以在这个短暂的时间里，做更多有意义的事情。你认为是这样吗？

上述案例中，乐乐的爸爸是一个很会与孩子共情的人，在儿子心神不宁时，他并没有像其他父母那样直接批评孩子、呵斥孩子——"为什么不认真写作业，跑来跑去干什么，找挨揍吗？"而是用倾听孩子心声的方法，帮助孩子说出他的心里话，抒发他的感情，及时地化解了孩子内心的困扰，使孩子真正体会到了父亲对他的理解。

一味责备只会让孩子封闭自己的内心，让孩子徒受委屈而

又得不到应有的教育，对于年龄大的孩子更是如此。不管孩子受到了怎样的情感影响，孩子毕竟是孩子，他们考虑事情的方法，都是十分单纯、幼稚的，这时父母切不可妄下结论，轻视或嘲笑他，而是应该仔细观察孩子的表情，认真倾听他们的心声，帮助孩子表达出他们想说的话，理解他们，与孩子一起讨论解决问题的办法。

爱心指导

体会孩子的感受

①当发现孩子情绪比较低落时，父母可以首先猜想一下孩子是不是遇到了什么不顺心的事，然后以一种关切的态度询问孩子，让孩子说明原因，表达出自己对这件事的感情，帮孩子说出他们心里的委屈，化解孩子的不良情绪。

②当发现孩子情绪稳定时，父母可以先了解清楚孩子到底发生了什么事，然后对孩子表示理解，并帮助孩子说出他要表达的感情，让孩子学会表达情感的方式。

③如果孩子最近脾气比较暴躁，有时还会出言不逊，父母首先要做的并不是训斥孩子，而是应当询问一下孩子：最近怎么啦？为什么总是发这么大的火？因为当孩子完全被情感控制的时候，他的头脑是混乱的。但当他们清醒过来时，心里又非常害怕，希望父母能宽恕他们的言行，并得到父母的安慰。父母可以在此时，帮助孩子抒发出他们的感情，并与孩子探讨有关生气的心态，这样也许比大声的训斥孩子的

教育效果要好得多。

④对于年龄较小的孩子,父母可以教孩子在纸上画图,通过画图表达自己的情感。例如,让孩子表达对太阳的感觉,妈妈可以说:"让我们一起画太阳,你画一个,妈妈画一个。"当孩子完成后,妈妈可以通过几个简单的问题询问孩子:"为什么太阳是这样子的?"根据孩子的回答,了解孩子内心。

⑤当孩子一时表达不清自己想说的话时,父母也不要急躁,可以通过与孩子玩游戏,让孩子自由地表达。在玩游戏

> 戏期间，父母可以简单地询问孩子，如"你做了什么？然后发生了什么事情？"这种看似直接的问题，却能让孩子说出自己的心里话。

注意孩子的潜台词

对于许多演员来说，潜台词是不陌生的，它是人物形象的灵魂，在行动过程中潜台词可以真实地反映人的内心活动。如果演员找到了潜台词，也就找到了人物真正的思想感情，也就能塑造出一个活生生的人物形象。所以，只要你理解了潜台词，也就能理解一个人的内心。

其实，孩子也有许多潜台词。由于孩子的语言能力尚不完善，所以在孩子表达自己的情感时，并不能像成年人一样流畅、清楚，因而他们有时会采用另一种表达方式，向父母暗示他们所要表达的情感。因此，父母在倾听孩子的心声时，一定要细心，注意孩子那些没有明说出来的事情，理解孩子的潜台词，这对洞察孩子的内心非常有帮助。

约翰·查理斯的母亲是一座孤儿院的院长，每天都和孤儿院的孩子在一起。

一天，约翰·查理斯问母亲："在我们这个地方，每年有多少孩子被送进孤儿院？"听到儿子的问题，母亲感到很诧异，她想：儿子今年才8岁，怎么会对社会问题感兴趣呢？是因为我的工作，而引起了孩子的同情心了吗？如果是，我感到很高兴。母亲抱着怀疑的态度，带孩子来到了档案室。为了让儿子更好地了解，母亲耐心地给儿子查找了有关数据，讲了一些关于这方面的知识。但是，儿子并不很高兴，他皱着眉头，继续问母亲同样的问题："在咱们市里被送进孤儿院的孩子有多少？是不是各个地方都有被抛弃的孩子？"

母亲看着孩子认真的表情，先是感到奇怪，后来她终于明白了儿子的意思。约翰·查理斯问这些问题，并不是对被抛弃的孤儿感到同情，也不是真正想得到一个社会问题的数据，而是想对母亲说："你们将来会抛弃我，把我送到孤儿院吗？"他是在为自己担心。

母亲仔细想了一下，蹲下抱着儿子说："孩子，你是在担心我们会像这些孤儿的父母那样将你抛弃，送进孤儿院吗？我向你保证，我和爸爸永远不会对你做那样的事，我们是爱你的，请你

相信我们。"约翰·查理斯听了母亲的保证,幼小的心终于平静了下来。

上述案例说明,家长只有注意到了孩子的潜台词,才能理解孩子的真实想法。

当孩子在与父母沟通时,也许是出于自卑或其他原因,他们都不会明显地表示出他们的想法或需要,而是将真实想法隐藏在问题下面,此时父母应该细心揣摩孩子所说的每一句话,注意孩子的潜台词,然后有针对性地回答孩子的问题。只有这样,父母才能更好地了解孩子的内心想法,才能促使父母与孩子的沟通更加顺畅。

做一个称职的父母,应该学会倾听孩子的心声,了解孩子的内心想法,注意孩子的潜台词,这样才能从孩子的倾诉中真正地感受和把握孩子的喜怒哀乐,也才能真正领会孩子的思想意图,了解孩子在想些什么、需要些什么、希望得到些什么。父母分享孩子的快乐,真诚地为孩子的进步而高兴,为孩子的成功而喝彩,用父母的体贴有效地去化解孩子的烦恼,这样才能营造出温馨的家庭环境。

当孩子发现父母懂得自己的潜台词的时候,就会真正感觉到父母的友谊与理解，因此也就更加尊重父母，更听父母的话了。

> 爱心指导

听懂孩子的潜台词

①当孩子问："妈妈，今天你要不要去买衣服？"这时孩子其实并不是想真正知道父母要不要去买衣服，也许他是想跟父母一起去逛街，也许他想趁父母出去的时候看一会儿动画片。尽管是同一个问题，每个孩子的潜台词也是不一样的，不过，只要父母细微地体察，真正关注孩子的需求，孩子的真实想法是不难察觉的。

②当孩子回到家中告诉父母，他的同桌受到了表扬。一方面，孩子可能是在向父母传递自己做得很好，但没有受到表扬；但另一方面，孩子则是希望父母能给他一些安慰和鼓励，而不是长篇大论地说道理。

③当父母让孩子做事,孩子总说"不"时,父母应该理解孩子的真正意图,获得孩子的认同,而不是与孩子赌气,训斥孩子。

④当孩子经常对父母使用潜台词时,父母也可以对孩子使用潜台词,让孩子在这种语言游戏中快乐成长。

⑤如果孩子希望跟父母一起去逛街,或者希望能在逛街的时候给他买一个小玩意儿,父母不妨对他说:"要去呀,要不你跟我一起去吧,如果你表现出色的话,我可以考虑给你买个小玩具。"相信孩子一定会很兴奋,这时候的孩子会非常听从父母的话,他会努力地做一个好孩子,以获得父母的奖励。

⑥如果孩子想趁父母出去的时候看一会儿动画片,这时,孩子的眼光通常会有所躲闪,他不希望父母直视他,怕父母看穿他的心思。这时,不妨对他这样说:"妈妈(爸爸)是要出去买衣服,但是,妈妈(爸爸)希望你能在我出去前,把作业做完,这样,我出去的时候,你就可以看一会儿动画片了,而且妈妈(爸爸)还会考虑给你买点好吃的回来。"

第七章
做一个"问题"家长

孩子为什么爱提问

每个父母都深有体会,孩子从3岁开始,就很爱问"为什么",而且孩子的提问千奇百怪、五花八门,经常会弄得年轻的父母焦头烂额,但孩子还是一个劲儿地问。例如,为什么有的动物生活在陆地上,有的生活在海洋里?为什么长颈鹿的脖子那么长?等等。

事实上,孩子之所以爱提问,有两方面原因:一方面是由于孩子具有一颗强烈的好奇心,他们希望从提问中满足他们好奇的需求;另一方面,则是由于在孩子心中,父母无所不能。在他们看来,快乐时,父母是他最好的玩伴;伤心时,他们可以在父母的怀抱里得到最真诚的抚慰;恐惧时,父母的怀抱是世界上最安全的地方。最重要的,父母是孩子的"百科全书",孩子可以在

父母那里，寻求到自己想知道的一切答案。

因此，如果父母能够耐心地向孩子解答问题，孩子就会非常尊重父母，并且越来越喜欢听父母的话。

丽萨4岁那年，爸爸买了一辆新车，因为要去外婆家，爸爸一大早就把丽萨叫了起来。这是丽萨第一次乘车，她心里感到好兴奋，坐在车上不停地东张西望，对外面的事物感到很新鲜。

当她看见前面的汽车冒烟时，就拽着妈妈的手，疑惑地问："妈妈，前面的车子怎么会冒烟，咱们的车也会冒吗？"

妈妈觉得丽萨的提问很简单，但是却不好解释给孩子听，因为对她来说汽车的原理太深奥了，她肯定听不懂，于是妈妈陷入了沉思。

这时，爸爸看出了妈妈的难处，为了打破这种尴尬的局面，爸爸微笑着对丽萨说："咱们的车当然也会冒烟，只是你现在看不见罢了。"爸爸接着说："汽车就像小孩子一样，例如，你会吃饭、喝水，但当你运动之后，你会把不要的东西变成尿和粪便

排泄出去。"

"可是,汽车它不会吃饭啊!"丽萨没等爸爸说完,又提出了自己的疑问。

爸爸接着回答道:"车子虽然不会吃饭,但会使用汽油。当人们给汽车灌上汽油后,它就像你吃了饭一样,有力气跑了。这时,人们发动汽车,汽车会消耗汽油,被消耗后的汽油就会变成黑烟,从车后排出来,就像是你尿尿一样,有臭味。所以当汽车排出黑烟时,要把窗子关上,这样才不会闻到臭味。"

丽萨赶紧把车窗关上,高兴地说:"今天我又懂了一件事。爸爸,谢谢你。"

显然,案例中面对丽萨一个接一个的问题,爸爸的做法比妈妈要高明得多。沉思只会让孩子在等待中放弃对答案的探索,而依据孩子的年龄和理解能力,利用形象、通俗的说法给孩子讲解,不仅可以让孩子学习有关知识,也可以更好地激发孩子的求知欲。很显然,这比父母一本正经的说教要实用得多。

专家指出，提问是孩子智力水平和语言能力发展到一定水平的标志，鼓励孩子提问有助于促进孩子智力水平、语言能力的提升，知识结构的建立以及性格的进一步发展。因此，父母应该学会做一个"问题"家长。当孩子提出问题时，父母要尽可能地帮助孩子寻找答案，而不是用简单的话语拒绝回答孩子的提问。

孩子的问题当然是他关心的问题，如果父母给予认真解答，那么父母也就成为孩子的兴趣点，他会觉得父母真是太厉害了，因此也就会更听父母的话。

爱心指导

如何鼓励孩子提问

①尊重和保护孩子的好奇心。许多家长对孩子的好奇心不予理睬，甚至觉得不耐烦，其根源在于家长早已经知道问题的答案，因此站在大人的角度，觉得没有问的必要。但家长要有一颗童心，善于站在孩子的角度想问题，鼓励孩子提问，而不是打击他的热情和厌烦他的问题。

②尽量回答孩子提出的问题。父母应尽量将圆满、正确的答案告诉孩子,并且不失时机地表扬孩子善于开动脑筋的好习惯,这样做不但可以满足孩子的求知欲,而且更能激发孩子爱提问的好习惯。

③在日常生活中,父母应当善于抓住机会,为孩子设计问题,让孩子动脑解决问题,而不是一味地让孩子提问,这样孩子才有兴趣与父母交流。假如问题比较专业,父母可以与孩子一起翻看资料,或在网上查找资料,以达到学习的目的。

④允许孩子捣乱,鼓励孩子进行探索。家长总是很反对孩子的捣乱行为,事实上,这种做法是不可取的。孩子都有刨根问底的天性,他们的"破坏"过程,其实就是寻找答案的过程,而且还是一个手、眼都在活动的过程,十分有利于孩子大脑思维的发展。

孩子提出怪问题怎么办

"人为什么要吃饭?""太阳为什么会落山?""什么是时间?"……孩子的想象力是非常丰富的,面对大千世界,他们常常有意或无意地迸发出创造的火花,冲出成人思维的轨迹和已有的知识经验,提出一些令成人瞠目结舌,甚至百思不得其解的怪问题。为此,不少父母都被孩子各种各样的古怪问题折磨得头痛。

> 妈妈，看我的帽子！

其实，这些问题虽然令人头疼，但是绝对不是孩子不听话的表现，反而是孩子爱动脑筋的证明。因此，父母应该为孩子而感到高兴，因为孩子那些看似幼稚、好笑，甚至有伤大雅的奇怪问题，是他们认识这个世界、表达自己情感的开始，更是他们与父母沟通的信号。在孩子心中，一些怪念头、怪问题是可贵的好奇心驱使着孩子主动观察世界，展开发散思维或创造性思维的结果，也是他们有意或无意地追求知识、探索知识的表现。

对于这些问题，如果父母能够给予巧妙的解答，那么孩子会感到很高兴的，因此也就会更愿意听父母的话。

一天晚上，珍妮与妈妈躺在草地上，夜空中繁星点点，黑暗中一轮明亮而美丽的月亮挂在天上，珍妮兴奋地说："妈妈，我要月亮，帮我把月亮拿下来。"

妈妈听了，微笑着对珍妮说："是呀！月亮看起来真是很漂亮，如果能够把月亮拿下来，真是太好了，那样咱们家就不需要电灯了！"

> 妈妈，我要月亮！

珍妮好像受到鼓舞似的，一股脑儿地站了起来，冲着月亮大声地喊："月亮，你快下来吧，我要你！"珍妮不停地挥舞着小手，似乎真的能抓到月亮。

妈妈看着珍妮兴奋的样子，亲切地对珍妮说："宝贝，你真的想要月亮吗？"珍妮点了点头。妈妈接着说："月亮挂在天空中，幼儿园的小朋友都能够看到，花园中的花朵也会因为看到月亮而感到高兴。咱们还是把月亮留在天上吧，这样大家都会觉得高兴的。"妈妈摸着珍妮的头。

珍妮抬起头，疑惑地问妈妈："如果拿下来，别的小朋友就看不见了吗？"

妈妈回答道："是呀，如果月亮被你拿回了家，其他的小朋友就看不到月亮了，他们也会因此不喜欢你了，你想让别的小朋友不喜欢你吗？"

珍妮想了想回答道："我不想，我喜欢和小朋友玩，那我不要月亮了，还让它挂在天上吧。"

妈妈摸着珍妮的头说："妈妈就知道珍妮是最懂事的孩子了。走吧，宝贝，我们回屋睡觉去，妈妈给你讲好听的故事……"

上述案例中，珍妮的妈妈很聪明，她并没有因为孩子的怪问题而感到幼稚可笑，也没有漠视孩子的提问，而是根据孩子的问题特点，抓住孩子的心理，巧妙地回答了孩子的问题。

其实，面对孩子提出的怪问题，父母要善于根据孩子的心理特点，站在孩子的角度去回答，而不应以厌烦的态度对待孩子、训斥孩子，或者漠视孩子的提问。不认真对待孩子的问题，只会让父母在无意间错过在孩子面前表现自己的好机会，更重要的是放弃了教育孩子最好的机会，限制了孩子的求知欲。

爱心指导

如何对待孩子的怪问题

①首先要理解孩子，保护孩子的好奇心，要用发展的眼光看待孩子提出的怪问题。无论孩子的问题多么怪，家长都要耐心地予以回答。与孩子进行沟通时，父母首先要了解孩子提问的意图，然后再根据该意图，认真地回答孩子的问题，这样父母才能进一步拉近与孩子的情感距离。

②有时孩子提出一些怪问题只是想得到某种承诺。例如，当父母让孩子去照相时，孩子问父母"为什么我要照相？"其实孩子是想让父母告诉他照相是可以留作纪念的，当他长大了以后，可以从照片上看见自己小时候的样子，如果不照相就没有小时候的照片了。因此，当孩子问父母的时候，父母可以向孩子解释"会留下照片，并好好保留照片"，这样孩子就会非常开心地跟父母去照相。

③如果孩子问的怪问题是父母无法解答的，父母可以参考《儿童百科全书》之类的书籍来寻求解释，尽管书里提供的有些答案对学龄前的孩子来说过于复杂，但只要父母对其略作调整就可以让孩子理解了。例如，孩子问小鸟为什么会飞，如果父母不懂，就可以告诉孩子："妈妈不知道小鸟为什么会飞，但妈妈可以陪你一起在书中查资料一起学习，如果你愿意的话。"这样也许比训斥孩子或根本不理会他要好得多。

巧妙回答孩子的问题

现实生活中,每个孩子都是满脑子问号的精灵,在他们的世界中充满了疑问,他们总有着问不完的问题——大问题、小问题,简单的问题、深奥的问题,幽默的问题、无聊的问题。对于家长来说,孩子的提问有时让他们很惊讶,有时让他们很惊喜,有时孩子的提问又会冲出自己的思考范围,让人不知如何作答。那么,要怎样巧妙回答孩子的问题呢?

正如俄国哲学家维萨里昂·格里戈里耶维奇·别林斯基所说:"对儿童的问题应该简短地、耐心地、严肃地回答他们,不要哄他们、欺骗他们,要用适合他们理解程度的话向他们解释。当他们问到他们不应该知道的问题时,要巧妙地避开他们的问题,而不要挫伤孩子的求知欲。"由此可见,父母只有了解和把握住了孩子的心理特点,巧妙地回答孩子的问题,才能激发孩子的好奇心和求知欲，才能使孩子的思维中碰撞出更多纯真的火花，也才能使孩子更愿意听父母的话。

小菲今年3岁了，是一个乖巧听话的女孩。一天，妈妈正在卧室里看书，小菲一个人坐在客厅的地板上看《葫芦娃传奇》。看动画片是小菲最喜欢的一件事，她聚精会神地看着，有时还会自言自语，自己扮演其中的角色，嘴里则嘟囔着动画片里的台词，玩得不亦乐乎。突然，她对着正在看书的妈妈说："妈妈，我是怎么来的？"

妈妈走到小菲身边，与小菲一起坐在地板上，摸了摸小菲的脑袋说："妈妈真的好高兴，咱们家小菲长大了。现在让妈妈告诉你，你是怎么来到这个世界的。"

妈妈拉着小菲的小手说："3年前，妈妈和你的爸爸非常相爱，生活得很幸福，我们希望有一个可爱的小宝贝来分享我们的快乐。于是，爸爸送给了妈妈一颗种子，这颗种子在妈妈的肚子里孕育了280天，终于长成了一个可爱的小宝贝。"

小菲的眼睛里充满了好奇，疑惑地问："妈妈，那个小宝贝是我吗？"

妈妈微笑着注视着小菲,说:"对极了,妈妈肚子里的小宝贝,就是你!"

小菲叹了口气说:"妈妈,爸爸给你的种子不好,怎么那么长时间才长大啊!你看,"她指着动画片里的老爷爷,"那葫芦娃的种子多好,才几天就长大了!等我长大了,我一定给你一颗最好的种子,放在妈妈肚子里,很快我就有好多弟弟妹妹了……"妈妈笑着对小菲说:"好啊,妈妈等着你长大!"

故事里的妈妈做得很好,她懂得运用巧妙的方法,根据孩子的年龄回答孩子的问题,而不是随意、简短地回答孩子,这样不但保护了孩子的求知欲,而且也拉近了亲子沟通的距离。

要知道,孩子的问题远非父母想象的那么简单,他们来到这个世界上,对各种事物都有浓厚的兴趣,表现出对知识的渴望、追求和对新鲜事物的探索欲,他们向父母提出各种稀奇古怪的问题,认为父母无所不知。因此,父母一定要认真、巧妙地回答孩子的问题,让孩子知其所以然。如果方法不当,很可能会挫伤孩子提问的积极性,也可能使孩子不愿再听父母的话。

爱心指导

巧妙回答问题的方法

①对于一些复杂的问题,父母可以运用比喻、拟人的手法帮助孩子理解。例如,孩子问:"为什么小树不吃饭呢?"父母可以把小树比作孩子,告诉孩子:"小树吃的是

充足的水和化肥,还有阳光的照射,这些就是它的饭。只要有了这些,小树就会像你一样茁壮成长。"

②对于孩子提出的问题,如果一时间回答不上来,也不要胡编乱造,要坦然对待,真诚作答。有时孩子会提出一些深奥的问题,如"地球为什么会转动?""为什么小鸡会从蛋壳中出来?"对待科学性比较强的问题,父母不可轻易地给出答案。可以和孩子一起通过查阅书籍、网络,或咨询相关专家的方法,来解决孩子心中的疑惑。相信在寻找答案的过程中,孩子也会慢慢掌握更多认识世界、了解世界的方法。

③如果遇到一些不便回答的问题,父母不妨用幽默的方法先跟孩子解释,巧妙地转移话题,等到适当的时候再告诉孩子答案。幽默,不仅能体现父母对生活的乐观,而且也体现了一种人生的智慧。切忌用粗暴的口气训斥孩子,或是用随意的一句话把孩子打发了。例如,当孩子问到自己是

从哪里来的，妈妈随便一说："你是妈妈从垃圾箱里捡来的……"这样的回答只会伤害孩子幼小的心灵，他会认为自己不是父母亲生的孩子，进而加重孩子的心理负担。对于这样的问题，父母的回答一定要简单明了，不要模棱两可，以免让孩子胡思乱想。

④孩子们在日常生活中也会问一些有关是非的问题。例如，电视中好人、坏人的区别，等等。对于这样的问题，父母必须不折不扣地给孩子讲解清楚，帮助孩子分清善恶是非。当然，也要根据孩子的不同年龄，结合孩子的接受能力，告诉孩子什么事情是对的、什么事情是错的，让孩子从小树立正确的人生观与价值观。

经常向孩子请教问题

中国有句古话:"教学相长。"意思就是人要在教中学,在学中教。如果在教中遇到了问题,感到自身有不足,就要去学习,从而在学习中亦有所得,进一步提高教育质量。

父母在教育孩子的过程中,不妨经常向孩子请教问题。一方面,孩子要将知识传授给父母,一知半解绝对不可行,孩子必须得把过去被动所学的知识,根据自己的需要,用自己的语言重新组合,这样才能教会父母,这有助于孩子更为深刻地理解自己所学的知识,将知识掌握得更加扎实、牢固。另一方面,孩子在解答家长问题的过程中,会倍感自豪,在成就感的鼓舞下,孩子会更加愿意与父母沟通。此外,父母的谦虚态度也会赢得孩子的好感,从而拉近亲子之间的距离,这样,孩子也就会更容易听从父母的教导。

有一位母亲曾讲述过自己亲身经历的事情：

那是一个初春，天气还不是很暖和，母亲为了工作需要，必须每天晚上参加计算机学习。刚开始，计算机老师讲得很慢，但是由于母亲把以前学的英语知识忘得所剩无几了，学起来感到很困难，所以母亲有些打退堂鼓。

这时，母亲想起了正在读小学二年级的女儿，女儿从一年级就开始学英语了，基础还不错，刚好是现成的老师。但是母亲转念一想，如果让孩子当我的老师，就得一切听孩子的，那我以后还能在孩子面前树立威信吗？于是，满脸愁容的母亲把这件事告诉了丈夫，丈夫说："这样的机会很难得啊，刚好可以让你和女儿多一点沟通，当你以合格的成绩完成学业时，女儿该多有成就感啊，这样你就更能在孩子的心中树立起妈妈积极进取的形象。"丈夫的一番话，点醒了妻子。结果，不仅母亲学会了计算机，女儿的英语水平也得到了大大的提高。

故事中丈夫的一席话，告诉我们：父母也有不如孩子的地方，当父母遇到不懂的东西时，可以虚心向孩子请教。向孩子请教，拜孩子为师，实际上是父母教育孩子的一种极好方法。一方面，父母听孩子讲自己已经了解的知识，能够让孩子再思考一次，而且在孩子没想到的地方，父母还可以以提问的方式指点孩子；另一方面，对于父母并不了解的知识，真正诚心诚意地向孩子学习，同时也增进了父母与孩子之间的沟通。

父母向孩子学习，首先体现了父母的民主意识，尊重孩子，善于发现孩子的闪光点。例如，当你追随孩子的特殊兴趣和爱好，让他将自己学到的、发现的东西告诉你时，他会非常乐意去做，正如小时候他问你"为什么"，你会认真地解答他提出的问题一样。如果你的孩子对天文学感兴趣，可以请他指出某一行星的位置。如果你的孩子喜欢观赏鸟类，当你们一起旅游时，可以叫他告诉你某些鸟类的名称。孩子在父母的称赞和肯定中，看到了自己的能力，会感受到一种满足和鼓舞，这种满足和鼓舞便是孩子主动学习的动力。

第七章 做一个"问题"家长

爱心指导

父母如何向孩子请教

活到老学到老

①家长要学会使用恰当的语言,"虚心"向孩子请教,以免让孩子产生抵触心理。家长最好用"这个问题还是没搞明白,你看能不能想个办法帮我弄清楚呢?""这个问题我没有你学得好,你能帮我讲讲吗?"等语句,启发孩子去思考如何更清晰地表达和更准确地演示。

②父母应该经常向孩子请教问题,遇到问题不要不懂装懂,要以平等的心,与孩子一同学习。在向孩子请教时,父母应抱有虚心好学的态度,真正做一个活到老学到老的人,把求知当作一种人生追求,这本身对孩子就是一种很好的教育和影响。

③对于孩子教授过程中出现的错误，家长不要当场打断孩子、责备孩子，或说一些伤害孩子自尊的话，如"自己都没搞明白还教别人，自己先弄清楚吧！""你把话说清楚啊，怎么说得乱七八糟的呢！""你这个小老师，简直是误人子弟。"家长应该在孩子下课后，提出自己的建议，或者告诉孩子应该怎么办，和孩子讨论一下如何改进授课质量。在提建议时，一定要记得先肯定和表扬，再提出合理的建议。

第八章

不要忽略肢体语言

与孩子谈话应采用的姿势

身体语言是父母向孩子传达信息的一种重要的方式。在与孩子谈话的时候,如果父母东张西望或者面带倦容,说明他们没有认真地听孩子说话,从而会使孩子感受到自己没有受到尊重;相反,如果父母的目光正视孩子,对孩子说的话示意赞同或不赞同,则说明父母在认真地与孩子进行谈话。

由此可见,父母在与孩子交流时,不同的谈话姿势可以给孩子传达不同的内心感受。只有让孩子感觉受到重视,他们才会听父母的话。因此,父母在与孩子交谈时,应采取适当的姿势,这样一方面可以让孩子体会到父母对自己的尊重,另一方面,父母可以更轻松地了解到孩子的内心想法。

在一次讨论会上,一位访澳归来的教师谈到他的赴澳见闻时,曾这样说:

澳大利亚的父母在与孩子谈话时,都是蹲下与孩子说话,这种谈话方式给我留下了深刻印象。

第一次见到这样的情景是在我的一位朋友家里。一个周末,朋友请了一对青年夫妇和孩子来家里吃饭,当这个只有两岁的孩子吃饱,要下地玩时,年轻的妈妈把孩子从椅子上抱下并蹲下对孩子说:"去外面草地上玩吧!你能找到很多东西。这里有很多客人,你不可以闹人哦!"接着,孩子乖乖走出了房门。当时,我感到很惊讶,以为是这位妈妈特有的教子方式,所以没有再多问。

可是,事实并不是我想象的那样。又到了周末,学校的一位秘书邀请我到她家去共度周末,我欣然接受了,于是便收拾东西去了她家。她家有一双可爱的儿女,当我们一同去超级市场时,3岁的儿子因为姐姐先坐进汽车而不高兴,独自一人站在车子外,就是不肯坐进汽车。这时,秘书走到孩子面前,蹲下来,两只手握住儿子的双手,脸对着脸,目光正视着孩子,诚恳地说:"孩子,谁先坐进汽车并不重要,对吗?你生气是因为姐姐不让着你,是吗?"儿子看着妈妈会意地点点头。秘书接着说:"既然你是对姐姐的言行表示生气,那么等回家后,你再与姐姐探讨,好吗?"儿子露出同意的表情,钻进了汽车并挨着姐姐坐下了。

澳大利亚父母的这种教育方式，无疑是在强调，只有采用正确的谈话姿势，孩子才会认为父母与他是平等的，父母是尊重他的，是理解他的，所以他才会从内心接纳父母的要求，听父母的话。

无论父母和孩子的谈话内容是什么，在父母和孩子的谈话过程中，都要设法采用正确的谈话姿势，以表明父母正在听孩子说，或正在认真与孩子谈心。只要父母的态度是认真的，举手投足之间都映射着父母对孩子的爱，相信孩子一定能感受到大人对他们的关怀，也会很快懂得自己该用何种姿势与他人交谈。

苏联教育家玛卡连柯说过："运用腔调、表情，举止适度，这一切对于一个教育者来说都是非常重要的。每一件琐事都有很大的意义，因此要教家长学会注意这些琐事。"这正如那些懂得如何与孩子交谈的澳大利亚父母一样，他们用自己的身体语言，在举手投足之间告诉自己的孩子，他们是父母的焦点，父母每时每刻都在关注他们。

爱心指导

读懂孩子谈话中的姿势

①当父母想与孩子谈话时,先要注意孩子的情绪,要在孩子乐于谈话的时候,与孩子交谈。例如,当父母要求与孩子谈话,而孩子却低着头,无精打采地坐着,这说明孩子并不想与父母谈心。

②在父母与孩子的谈话中,如果孩子表现得漫不经心、东张西望,有时手里还玩着小玩意儿,那说明谈话内容并没有能够吸引孩子的注意力,这时父母就要设法去寻找孩子感兴趣的话题,让孩子的注意力回到父母的身上。

③如果在谈话中,孩子目不转睛地看着父母,并与父母讨论他的话题,这时父母应该注视着孩子的眼睛,耐心地倾听孩子所说的话。

④如果孩子在与父母的交谈中，不敢用眼睛看着父母，而是低着头，那么，很有可能表示孩子心里有些事，想说又不敢说出来。这时父母可以蹲在他的面前，用温和的目光注视着他，握住他的双手，告诉孩子希望他能说出来，并不会责罚他，但必须改正自己的错误。这样的暗示姿势，也许比对他大声斥责要有效得多。

⑤在与孩子谈话时，孩子在父母还没有说完话时就抢着说，这时，父母要用摇头的方式告诉孩子，这样插话是错误的，并教会孩子要学会倾听别人的谈话，在别人说话时，用点头或微笑表示对他人的赞同，不要轻易打断别人的谈话，要等别人说完后，再开始说。

用手与孩子交流

手,是人类触摸世界万物的最重要器官之一。在身体动作当中,手所表达出的语言信息也是最为丰富的,它能够充分地表达出任何的思想活动。例如,把手轻轻地搭在对方肩上或胳膊上表示亲密,伸开双臂拥抱表示喜欢或安慰对方。在与孩子交流时,父母也可以用自己的手与他进行一次无声的交流。

美国盲人作家海伦从小就失去了听觉和视觉,她的老师莎莉文只能用触觉与海伦进行沟通,教她学习知识。例如,当教海伦认识水时,莎莉文把海伦的一只手放在喷水口下,一股清凉的水在海伦手上流过,接着老师在海伦的另一只手上拼写出"water"(水)。海伦则静静地站着,注意着老师手指的动

作。突然，她恍然大悟，有股神奇的感觉在她的脑海中浮现，她理解了语言文字的奥秘，知道了"water"就是正在手上流过的这种清凉而奇妙的东西。

其实，在与孩子沟通的过程中，父母也可以借助手与孩子交流。例如，同孩子握手，或者用手拍拍孩子肩膀等。握手表示对人友好，可以拉近人与人之间的距离；而拍肩膀则表示对别人的一种鼓励和肯定。

有一天，妈妈正在给儿子熬中药，儿子看见后，笑着对妈妈说："妈妈，邻居家的英子说中药太苦，她妈妈给加了好多糖，结果她就是不喝，她妈妈没办法，就给她换了另一种药。"

妈妈听了，说："怎么这么娇气，这样不好。"

儿子点了点头，对妈妈说："吃这点苦，就受不了，以后走上社会，要遇到事怎么办？我认为我自己就特能吃苦，我们老师说过：只有历经风雨挫折，才能成就大事。"

妈妈笑笑，用手摸摸孩子的头，说："别光说，要去做。不过，妈妈相信你能做得很好。妈妈希望你以后遇到挫折时，一定跟妈妈聊一聊。"

儿子说："那要是我有事可以不告诉妈妈吗？"

妈妈拍拍孩子的肩膀，握住孩子的手说："当然可以了，没有秘密的孩子是长不大的。我尊重你，但是妈妈希望做你的朋友。来，咱们握握手吧！"儿子愉快地接受了，与妈妈握了握手。

上述案例让我们感受到：大手与小手，爱意在手间传递。与孩子用手进行交流，通过握手，父母将自己的信任和支持传递给了孩子，孩子更容易感应到父母对他的友好和关爱，在这种情况下，孩子必然会敞开心扉，从心理上认可父母是他的朋友，把自己的心里话告诉父母。当然，与此同时，孩子也就会更听父母的话。

因此，当父母在与孩子进行交流时，不妨通过手，运用握手、拍肩等肢体语言，将父母对孩子的爱更充分地表达出来，让孩子更听父母的话。

爱心指导

用手表达自己的意图

①当孩子做了让父母高兴的事情，或者孩子自认为得意的事情时，父母不妨握住孩子的手，拍拍孩子的肩膀，孩子会领会父母的意思，感激父母对自己的鼓励和赞赏。

②当父母发现孩子非常伤心时,可以轻轻地走过去,用手轻轻地拍拍孩子的肩膀,把孩子搂在怀里来鼓励孩子,这样做往往能够给予孩子很大的精神鼓励,让孩子感受到父母对他的爱。

真诚的目光交流

俗话说:"眼睛是心灵的窗户。"在展示你的内心世界时,眼神发挥着最大的作用。交流时的眼神是谈话的重要组成部分,假如你的目光是散乱的,不管你的用词多么讲究,也会给人留下没有诚意的印象。

第八章　不要忽略肢体语言

父母在与孩子的交流过程中，也一定要重视眼神方面的交流，这有助于增强你的言辞效果，加深对孩子的影响力，让孩子更加听你的话。

"宝贝，请看着我的眼睛，然后听我说……"如果父母希望孩子认真听父母说话，并对父母的话留下深刻的印象，一定别忘了拿这句话作为前奏。从父母的眼神里透露出来的，是父母内心的真情实感。父母对孩子的爱、对孩子的期许，都蕴含在眼神里。孩子虽然年龄小，但也是能够察觉得到的。

有一位深谙儿童心理的儿科医生，身怀一项"绝技"：任何爱哭闹的孩子，只要一见到他，就会很快停止哭泣。

一天，一位妈妈带着3岁的男孩来找这位医生看病。原来，这个孩子特别喜欢喝牛奶，结果喝多了，现在患了牛奶癣，皮肤痒得睡不着觉，但还是吵着要喝牛奶，不给就开始哭闹。

听完妈妈的诉说，医生不慌不忙地脱下白大褂，半跪在那个男孩面前，看着男孩的眼睛，与男孩交谈。

"你喜欢喝牛奶吗？"医生温和地问道。

男孩点点头。

医生仍然目不转睛地看着他说:"如果不让你喝牛奶,你能忍得住吗?"

男孩立刻显出一副烦躁和不满的神色,把脸扭向一边。

医生并不气馁,他跟着转到孩子面前,蹲下身子,盯着孩子的眼睛说:"你可以不喝牛奶的,是吗?"

不管男孩怎样不耐烦,拒绝回答,医生的目光都一直充满信赖,而且口气十分诚恳。

终于,男孩轻轻地点了点头。

奇迹发生了。男孩回家后不喝牛奶了,他的牛奶癣症状很快消失了。一年以后,母亲认为孩子应该适当喝点牛奶了,可男孩这次却说:"医生伯伯说能喝我才喝。"母亲只好又去找那位医生帮忙。

这一次,医生仍然是看着男孩的眼睛,微笑着说:"你现在可以放心地喝牛奶了。"

那天回家以后,男孩真的又开始喝牛奶了。

显然，这位儿科医生的本领，是很多父母都渴望学到的。那么这项本领的关键在哪里呢？其实，就是真诚的目光交流。

不管父母和孩子谈话的内容是什么，一定要设法让父母的目光充满爱意。有人说，爱的目光是孩子成长的营养源。哪怕只是两岁的孩子，只要他感受到了大人的诚意，也能很快明白道理，并控制自己的行为。

因此，父母和孩子说话时，在注意倾听孩子说话内容的同时，别忘了投去鼓励和尊重的目光，这是对孩子最好的引导。如果父母的目光是专注而真诚的，自然会引起孩子的好感。这样一来，孩子无论有什么话都愿意向父母诉说，也会欣然接受父母的建议。

总之，与别人谈话时保持目光交流，不仅是出于礼貌以及保证交流顺畅的需要，而且要从对方的眼神里获得谈话内容之外的更多信息。在父母潜移默化的影响下，今后孩子也会在与人交流时做到专注地倾听，当然也就会更加认真地倾听父母的话。

爱心指导

读懂孩子的目光语言

①孩子双目凝视，紧紧盯着一样东西，这时他可能是在聚精会神地思考，父母不要轻易打扰他。

②孩子眼睛发亮，出现兴奋的光芒，说明孩子想明白了什么事情，此时父母应予以夸奖，并进行适当的讲解。

③孩子怒目而视，说明孩子认为父母处理某事不公平，他很不满意。此时，父母应给孩子申辩的机会，而不应一味压制。

④孩子目光迟钝，左顾右盼，是他拿不定主意的时候，此时父母要鼓励孩子说出自己的想法，最后鼓励他作出决定。

⑤孩子眼睛躲闪，不敢和家长的目光相对，往往说明孩子做了错事。这时家长可以先等一等，看孩子能不能主动认错。假如孩子不认错，可以追着孩子的目光，用微笑和探

询的目光鼓励孩子认错。当孩子认错以后,要肯定孩子的勇气,并用爱的目光告诉他:父母依然爱他。

多给孩子一些微笑

微笑是一种无声而有效的沟通方式,是人与人之间亲密关系的润滑剂。面部表情是一个人内在态度的表现。一般来说,在与别人见面交谈时,首先就是看对方的面部表情。面部肌肉松弛,态度和蔼,往往使人感觉比较容易亲近;面部肌肉紧绷,总板着面孔,则往往使人产生距离感,让人很难接近。这就是微笑的力量。

人与人的交流离不开微笑,心与心的沟通也需要微笑,同样,父母与孩子之间的沟通更需要微笑,在与孩子沟通时,微笑会起到不可估量的作用。教育家卢勤曾说过:"对孩子来说,爸

爸妈妈的面部表情非常重要。微笑能照亮所有看到它的人,它像穿过乌云的太阳,带给人们温暖。"善于微笑的父母,总是会博得孩子们的喜欢,自然也就会让孩子更听话。

上学后第一次期末考试的成绩出来了,小智考了全班第一名。当老师和很多同学的家长来向小智"取经"的时候,小智说他能取得第一名的成绩,最感谢的是父母的微笑。那微笑似乎就在说:"孩子,你已经很用心、很努力了,考第几名都没有关系。"因为有了父母的微笑,他才没有了后顾之忧,正是父母一直以来的微笑,给予了他进取的动力。

孩子上学以来,小智的父母没有像大多数家长一样给孩子买复习资料,上辅导班,以更好地帮孩子学习功课,而是有一套特殊的教子方法——微笑。爸爸很有见地,他认为,尊重孩子应该是第一位的,到了上学的年纪,孩子对于很多事情会有自己的想法,不能什么事情都由父母说了算,应该让小智自己安排自己的生活,父母应该做的是孩子放学回家后,要多给些微笑。因为一个真诚的微笑,对孩子来说,是最好的安慰和肯定,它能驱散孩子学习整日的疲惫,远比说"你先歇会儿再做功课"要好得多。此外,当孩子在学习中遇到困难时,安慰他不仅不会对他有什么帮助,反而会让孩子觉得很烦,从而破坏孩子的心情。最重要的是,当孩子主动来找父母时,父母就要陪他说说话,谈些孩子感兴趣的话题,或者带孩子出去逛逛走走,让他心情变得平静、轻松。

其实,每个孩子都非常善于观察父母的表情,他们喜欢从父母的表情中推测父母的想法和态度。在许多孩子看来,只有在父母表情比较温和的时候,才能商谈事情,得到父母同意的可能性才会更大。而当父母板着脸的时候,孩子的表现也就比较沉默,不敢讲他们的事情。

因此,当父母微笑着点头认可孩子时,孩子会觉得比听到"你真乖"更高兴。因为微笑和点头,不仅仅给予孩子认可和鼓励,更让孩子体验到了父母对自己浓浓的爱,这样孩子当然就更容易接受父母的建议。

实际上,父母对孩子微笑,孩子也会以微笑回报父母,这种微笑不仅是双方情感的体现,也是一种表示友好的社会性行为。

亲子间的微笑往往可以消除彼此的争执、冲突、愤怒等，从而避免不良情绪以及内心隔阂的产生。所以，在面对孩子的时候，要给孩子多一点微笑，让微笑在父母与孩子之间荡漾，化解亲子之间的矛盾。

爱心指导

学会对孩子微笑

①当孩子征求你的意见时，无论同意与否，你都要用微笑表示友善、和蔼，不要板着脸对孩子说话。

②如果你让孩子去尝试做一些事，而孩子没有勇气去做，你可以用微笑的眼神鼓励孩子去尝试；如果孩子坚持不去尝试，你也可以用微笑安慰孩子。

孩子，加油！

③当你发现年幼的孩子正在跃跃欲试地想要独自爬上楼梯而遇到困难，然后用征求的眼光注视着你的时候，你可以用微笑、点头表示你对他的肯定。同时，你可以在恰当的范

围内做好安全保护工作,但是不要去帮助孩子,而是让孩子自己登上楼梯。

④当孩子登上楼梯后,你可以再对他笑一笑,并用适当的手势表扬孩子,这样孩子就会高兴地笑起来,因为他从你的微笑中读到了鼓励和支持,这样孩子就会更有信心,未来会把遇到的每件事都做得更好。

⑤当然,孩子有不良行为时,父母也应用摇头等方式表示制止,让他不要做这种行为。但是,摇头的时候,微笑同样会对孩子起作用,表达一种友善,而非愤怒。

"弯腰"和孩子说话

黎巴嫩诗人纪伯伦说:"孩子来自你的身体,但是不属于你……你可以给他们爱,但不能塑造他们的思想……你们是弓,你们的孩子是从弓上发出的生命箭矢。"有些父母想尽办法,为子女安排一切,希望孩子有美好的未来和幸福的人生。有的家长觉得自己是为了孩子好,似乎有很大的权威,就经常用命令式的口吻与孩子对话,甚至代替孩子做出很多选择,这些做法显然是不对的。

在中国,长辈与晚辈说话时,通常会站在较高的位置上,象征一种权威。有些父母在与孩子说话时,也总是站着对孩子发

号施令，以显示家长的权威，强制孩子按自己的意愿行事。虽然父母对孩子的主观愿望是好的，但对于幼小的孩子来说，这种教育方式只会让孩子感受到一种不平等，孩子会感觉父母不理解他们，不懂得他们的想法，久而久之，父母这种"权威"的说话方式就会让孩子感到厌烦，最终造成孩子与父母之间沟通的障碍。

如果父母弯下腰或者蹲下来与孩子说话，情况很可能会发生变化。弯下腰蹲在孩子面前，父母的面部以及眼神就和孩子处于同一高度，这会使孩子感觉到亲子之间的平等，这个时候与孩子进行交谈，孩子就会认真地听父母说话。

弯腰或者蹲下来，这样看似非常简单的动作，却体现了家长对孩子的尊重，体现了家长对孩子的事情或问题认真而亲切的态度，从而拉近了孩子和父母之间的距离。爱的细节不仅能感染孩子，更能教育孩子。在平等氛围中成长起来的孩子，也会以平等的姿态对待他人。

第八章 不要忽略肢体语言

有位8岁的小男孩，他特别喜欢和隔壁邻居的阿姨交朋友，心里话都愿意跟她倾诉，而不愿意与自己的妈妈讲。一般情况下，这个年龄段的小孩子本应该更喜欢与父母在一起才对。有一天，小男孩又与那位阿姨开心地交谈。出于好奇，有人就问他，为什么喜欢和这位阿姨说话，小男孩说："因为阿姨总是蹲着和我说话，差不多与我一样高！"

这句话令人感到震撼！弯腰，与孩子一样高，他觉得自己受到了对方的尊重，他们的关系是平等的。的确，人人都渴望平等，即使是孩子也渴望得到对方的尊重。那小男孩的父母平时又是如何与他进行交谈的呢？

原来，小男孩的妈妈跟他讲话时，总是居高临下的，无论站着、坐着都比他高。8岁的孩子在与父母谈话时面对这种居高临下的姿态，会产生一种压迫感，觉得两者的地位特别不平等，因此心里话就不愿意跟父母讲。而父母如果能蹲下来，跟孩子平起平坐，就一下拉近了与孩子的距离，那么，孩子自然也就愿意向父母倾诉心里话了。

从上述案例可以看出,"和自己一样高"对孩子来说是多么重要的事情。如果父母能够弯下腰来与孩子进行交流,那么孩子就会觉得父母不再是高高在上的权威,而是自己最好的朋友。

美国精神病学家威廉·哥德法勃曾经说过:"教育孩子最重要的,是要把孩子当成与自己人格平等的人,给他们以无限的关爱。"当然,弯下腰或者蹲下来让自己的面部与孩子处于同一高度是人格平等的最基本体现,但是要真正做到人格平等,还需要父母从心理上"弯下腰来",抛弃居高临下的姿态,让孩子感受到父母真诚的关爱。

爱心指导

用平等的态度对待孩子

① 当孩子说出自己的想法时,无论这种想法听上去多么幼稚,父母都不应该嘲笑、责骂孩子,而应以平等的态度,以商榷的口吻与孩子沟通,可以询问孩子为什么会有这样的

想法,努力去理解孩子。

②当自己生气时,不要与孩子对话,要知道当人激动时,很有可能说出不该说的话,有可能伤害孩子的心。

③父母与孩子交谈时,语言要充满爱和亲切,态度要和蔼,最好不要使用命令的口吻与孩子说话,可以用商量的口气与孩子说话。

④在讨论家事的时候,可以让孩子参加,不管是否采纳他的意见,都能让孩子感受到自己在家庭中的重要性,是家庭中的一员。

⑤站在孩子的角度和孩子进行交流。作为父母应该多站在孩子的角度来和孩子交流,注意说话的语气、方式和态度。例如,教育的话形象着说,批评的话表扬着说,拒绝的话引导着说。多商量,少命令。只有这样,孩子才会认为父母非常尊重自己,也就非常愿意听家长的话。

⑥真诚地对待子女。父母对待子女一定要真诚,必须放

下权威,蹲下身子,心平气和地与孩子谈话,向孩子表示出父母尊重他们的能力,尊重他们的独立性。

⑦与孩子进行平等的对话,可以配合正确的肢体语言进行。例如,脸上露出亲切、温和的表情,眼神里充满关爱,语调轻声而平静。

第九章
家长要处处以身作则

身教比言传更重要

现实生活中,每位父母都希望自己的孩子能够踏踏实实地做人,有一个美好的未来和光明的前途,然而,有些父母在孩子面前却毫不掩饰自己本身存在的一些缺点,那么他们的教育注定是失败的,因为他们违背了父母教子的定理——身教比言传更重要。

父母自身的行为对孩子有着重大的影响,不要以为只有谈话和教导孩子的时候,才是在教育孩子,事实上,在生活的每一瞬间,甚至当父母不在家的时候,其言行都是在教育孩子。例如,

第九章 家长要处处以身作则

父母怎样穿衣,怎样跟别人说话,怎样表示高兴和悲伤,怎样对待朋友和仇人,甚至怎样笑,怎样读报,等等,所有一切,对孩子都有很大的教育意义。

从前有一个叫老编的人,非常疼爱7岁的儿子,却十分厌烦除了吃饭和抽烟外什么事情也干不了的年迈老父亲。此时的老父亲,对他来说,就是一个沉重的负担。他很想把老父亲打发走,便对妻子说:"让老头到外面的世界去闯闯吧,在家待着也是待着。"

妻子觉得老头出去就活不了,所以表示反对,但是老编不顾妻子的反对,铁了心要赶走老父亲,妻子只好让步,说:"那就让他带上一条毯子走吧,也好遮挡点风雨。"老编满口答应,心里却想着只给父亲半条毯子。

正在这时,7岁的儿子从房间走出来,对老编说:"爸爸,你不必给爷爷一整条毯子,给他半条就行了。"老编立即表示同

意:"还是儿子说得对。"不料儿子接着说道:"省下的那半条请你好好地收藏着,等我长大以后可以把它给你,让你也到外面的世界去闯闯。"

这故事或许过于夸张,但是却向父母提出了警告:教育孩子要注意身教。有时父母的一言一行都会影响孩子,甚至影响孩子的一生,或许现在孩子正踩着您的脚步前进。

言传和身教都是培养孩子的重要方法。相对于言传来说,身教具有更大的效果。人的童年都是在家庭中度过的,父母的言行是孩子学习的楷模,父母是孩子的第一任老师,孩子从小开始接触到的好坏、善恶,都是从父母那里学到的,家庭对于孩子来说,是他们道德品质形成的奠基石。当父母的要从自我做起,自身做一件实实在在的事情,要比对孩子苦口婆心地说教十句百句更有意义,更有说服力。

第九章　家长要处处以身作则

身教重于言传，这是教育的第一原则。父母自身的行为对孩子有着重大的影响，所以父母在教育孩子的同时，也应注意自己的言行，要知道自己的一举一动，孩子都会看在眼里记在心里。因此，只有父母善于接受别人的意见，孩子才能够更加听父母的话。

爱心指导

注意自己的言行

①在日常生活中，父母应尽量使用普通话，同时纠正孩子的错误发音，切不可只用训斥的手段让孩子学习普通话，而自己却一点儿也不学习。

②如果孩子很爱花钱，说明父母平时的花费也很大，如果要让孩子变得节省，就要从自身做起，对自己的花销进行严格控制，并把这种言行传递给孩子，使孩子懂得如何规划

使用自己的零用钱。

③在待人接物方面，父母应对来访的客人使用礼貌用语，如"请进""请坐""请喝茶""谢谢""不远送"等，长期的耳濡目染，一定也会使孩子变得善于交友，语言也同样能文明礼貌。

④父母应该从点滴小事做起，培养孩子勤俭节约的品德。例如，吃饭时，父母可以用自己不剩饭、吃多少盛多少等行为，教育孩子要爱惜粮食，用实际行动引导孩子，使之自觉地做到勤俭节约，养成勤俭节约的好习惯。

⑤父母如果喜欢看书阅报，子女也会受到感染，父母还要有意识地选择适合子女的课外读物，和子女一起读、一起看、一起学、一起探讨，多问几个"为什么"，这样有助于提高子女的学习兴趣，培养其勤学好问的优良品质。

用行动证明你的话

日常生活中,很多父母对自己说过的话出尔反尔,反复无常,那么,孩子就无法听从你的话。作为父母,都希望孩子将来会有健全的性格、高尚的情操和为人处世的本领。然而,面对这些重要的人生素养,父母不仅仅要一次次地对孩子进行言语教导,更要用行动证明自己说过的话。

父母是孩子的第一任老师,是孩子的一面镜子,他们所做的一切都会被孩子所效仿。父母的行为可以影响孩子的价值判断,当要求孩子应该做什么或不应该做什么时,要先考虑自己的行为是否正确、合理,三思而后行。自己说过的话,要求孩子做的事情,父母都应该在自己的行动中加以证明。以身作则,才能在孩

子面前树立威信，让孩子听话。

李苦禅是我国当代著名的国画大师，他的儿子李燕成年后也在画坛脱颖而出，尤其是在中国画方面颇有造诣，这离不开他对儿子的模范式教育——用行动证明自己的话。

李燕在开始学画画时，李苦禅便经常对他说："人，必先有人格，而后才能有画格；人无品格，必是下笔无方。秦桧并非无才，他书法也相当不错，但因人格恶劣，遂令百代世人切齿痛恨，见其手迹无不撕碎如厕或立时焚之。据说留其书不祥，会招来祸端，实则是憎恶其人，自不会美其作品了。"李苦禅说到做到，自己率先垂范。1937年北京沦陷了，伪新民会企图拉拢社会名流为其捧场壮声威，考虑到李苦禅是大画家、知名人士，于是派人来请李苦禅加盟，他们声称："只要您答应出山，自然少不了高官厚禄，并且后面还跟有挎匣子的跟班儿，比县长还要神气！"李苦禅不为所动，断然拒绝。为了表示决心，他辞去公职，遂以卖画为生。父亲的高尚情操、正直品格，李燕看在眼里，记在心上。

新中国成立后,有一天,有关部门通知李苦禅前往认领作品。

李苦禅叫来李燕,并再三叮嘱:"你跟着有关工作人员去认领被查抄的散乱物品,记住,这正是看人心的时候,上次叶浅予(中国著名艺术家)和陆鸿年(当代著名画家)也把错领的那些东西都退给我们了。我们要认领错了,也一定要还给人家!"真让李苦禅说对了,在李燕领到的一批画中,发现了一部分黄宾虹(中国当代著名国画大师)的未裱之作,并且上有李可染的书款。

李燕遵照父亲的嘱托,当即交还工作人员,并且马上通知了李可染,李可染见心爱之物失而复得,自然喜不胜收。当时在场的友人开玩笑说:"先生何不趁机跟那位李大师讨幅牛。"李可染画牛在当时非常出名。但是李苦禅却摆摆手连连说道:"物归原主即可!物归原主即可!"

后来,李燕在《风雨砚边录——李苦禅及其艺术》一书中详细谈到此事。由此可见,父亲的品格教育对他影响颇深。

案例中,正是父亲的言出必行感染着李燕,最终使李燕成为一代名人。空泛的说教如同孩子耳边吹过一阵风,一晃而过,没有实效。

可以用各种行之有效的方法去影响孩子,可最好的方式还是你的行动。然而,现实生活中,许多父母望子成龙、望女成凤心切,就把孩子天天关在小屋里学习,而自己却从来不读书、不看报,每天一下班,就打扑克、玩麻将,认为学习就是孩子自己的事情。实际上,这样的教育是失败的教育,要知道,影响孩子成长的不仅仅是父母对孩子的监督,还有父母的言谈举止。"其身正,不令而行",只要父母真正行动起来,孩子就会把父母当作是他的榜样。

父母是孩子的镜子,孩子却是父母的影子。孩子行为的形成是通过学习得来的,他们赖以生存的技能就是一点一滴从父母那里模仿来的,不管大人怎么说,孩子总是认为大人做的才是最对的。如果父母认为孩子年龄小,就可以马马虎虎地对付他们,那就错了,父母的一言一行都会深深地刻在孩子的脑海里,而且他会随时翻出来照着做。

当父母发现孩子身上有很多缺点时,也许很多都是从你的身上学来的,这时父母要用实际行动向孩子证明这些毛病是可以改正的,让孩子懂得只有行动才能做好每一件自己想做的事。当父母用行动证明了自己说过的话时,孩子就会尊重父母所说的话,听父母的话。

爱心指导

父母要成为行动的巨人

①对于想让孩子做的事,父母要先给孩子做出榜样,然后再教孩子去做,如果孩子不这样做,那么父母可以用引导的方式,促成孩子这样做。例如,利用游戏,在游戏中让孩子学习怎样做,慢慢等孩子会做了,你的目的也就达到了。

②凡事要多做少说,对于孩子的一些小毛病,父母可以慢慢教孩子改正,不要总去说教、批评孩子。例如,吃饭前不记得洗手,父母可以采用步骤法让孩子一步步跟着自己做,在自己的监督和示范下,慢慢纠正这一毛病。

③要想让孩子成为行动的巨人,首先父母要做到这一点。当向孩子承诺做某事时,父母可以用小本子记录下来,然后认认真真地完成。当父母兑现承诺后,孩子会从内心认可父母,然后再告诉孩子:"孩子,你也要像妈妈(爸爸)

这样做！"这时孩子会很听话地做给父母看。

④当孩子不想做而找借口推辞时，父母一定要先从自身找毛病，想想自己以前是否有过类似的推托行为。如果有，那么要在孩子面前就这类事进行自我批评，同时告诉孩子不可以用借口推托自己该做的事。

无声的教育最管用

无声的教育，就是在孩子未感知压力的环境和氛围中，用父母自身的言行感染孩子，使孩子接受到潜移默化的引导和教育。

在孩子成长的过程中，当孩子出现了不良行为时，父母要及时予以纠正。虽然教育孩子的手段各不相同，但目的只有一个，就是降低孩子再犯错误的概率，使孩子不断地获得进步。不同的教育手段，效果也不相同，因此在手段上要有所选择。一般情况下，无声教育对孩子的效果会更好，这样的教育往往能够事半功倍，因而是在家庭教育中最有效的教育。

有一个忧心忡忡的母亲，找到心理咨询师告诉他，自己的两个儿子，每天回家就知道打游戏，从来不主动写作业，无论母亲多么严厉地说教都没有用。

当母亲讲述完后，心理咨询师问："请问，您平时看书吗？"母亲用疑问的表情看着咨询师："不经常看。"接着，心理咨询师又问："那当孩子在写作业的时候，您在做什么？"母亲回答："有时在看电视，有时在厨房忙着做饭，有时在监督孩子学习。"咨询师点了点头，说："您的心情我能理解，这样吧，我告诉你一个方法，在您督促两个孩子写作业时，您什么也不要做了，最好拿起杂志或书，安静地学习一会儿。"这位母亲疑惑地问："为什么呢？"咨询师说："您不妨想想看，您是孩子学习的榜样，如果连您都不学习，孩子会知道学习吗？"这位母亲略有体会地点了点头，咨询师接着说："那好吧，就先这样，您回去试试看，再与我联系。"

这位母亲回到家，看见两个孩子正在打闹，她不再像往常一样大声地训斥他们，而是按照咨询师所说的方法，从家里的书柜里拿了一本有关医学的书，认真地学习起来，有时还用笔记录着什么。

房间里一片安静，孩子们再也没有玩的兴趣了，他们也像母亲一样，拿出了自己的功课，认真地做了起来。这时，妈妈并不知道，孩子已经开始学习了，当妈妈学习完医书的第一章节时，才发现当她认真学习的时候，孩子也开始学习了。

就这样，妈妈再没有着急发火，也没有长篇大论地说教，她用营造家庭学习氛围的方法，在无声中逐渐改掉了孩子们不爱写作业的习惯。

其实，孩子就是这样，当父母做什么时，他会模仿父母做什么。父母对孩子的教育，并不是只有口头教育这一种方式，有时，无声的教育也能产生强烈的教育效果。要是想让孩子好好学习，除了让他知道需要好好学习外，父母还要用行动做给他看，对他进行无声的教育，这样孩子才会听话。

无声的教育是需要以身示教的。当你教育孩子学习书法时，如果只是告诉他"横要平、竖要直、起笔落笔要回锋"的要领，那么孩子很可能一点也听不进去，因为他并不理解你要让他怎么做，所以这时你可以将一张干净的宣纸平整地铺在桌上，然后压平、运笔，默默地将刚才所说的横、竖、点、撇、捺，按照要领一一展示给孩子看。当孩子逐渐被你的行为所感染后，他便会学着家长的样子，一笔一画地写起来，这样的教育也许会比那些说不完的大道理更有信服度。

家庭教育重在潜移默化，它有赖于家长优良品德的影响，有赖于家长循循善诱的引导过程，有赖于家长教育艺术的启蒙。而这些，多是在润物细无声中进行的。例如，房间里的地板被孩子掉落的零食弄脏了，妈妈拿起扫帚慢慢地扫了起来，没有斥责，没有命令。当孩子看见这一幕时，多少会感到心里有些愧疚，也许会主动加入打扫房间的行列，并学会主动维持家中环境的清洁卫生。这些都是无声的教育，是最行之有效的教育，也是最人文

的教育。这样的教育会让孩子在悄无声息中改变，会让孩子做任何事都要求更完美、精益求精。

> **爱心指导**

家长怎样做好无声的教育

①想要做好无声的教育，父母可以在家中显眼的地方设立一个小型的橱窗，专门陈列孩子的优秀作业、精美小制作等物品。当别人观赏这些作品并露出赞赏的目光时，孩子内心是喜悦的，同时这也能鼓舞孩子以后做得更好，要比简单的口头表扬有效得多。

②在日常生活中，父母要经常同孩子一起做一些事情。例如，一同做家务、一同外出游玩、一起进餐等，不要喋喋不休地埋怨孩子不去干这个、不会干那个，而是安排孩子去做什么，并和他一起做。这样孩子不但会按照父母的要求去做，而且会做得更认真仔细。

③当父母有烦恼的事时，可以对孩子讲，并告诉孩子，如果他有不开心的事时，也可以跟父母说。当孩子向父母倾诉他的心里话时，父母一定要理解孩子，不要轻易打断他的话语，不要妄加评论，多保持沉默，注意倾听的态度。

第十章

听话的孩子是激励出来的

赞美是孩子最喜欢的礼物

苏联教育家苏霍姆林斯基曾说过:"人的内心最本质的愿望就是希望得到赞美。"孩子生理和心理都处于成长阶段,他们的耐力与毅力都不强,取得阶段性的成绩并及时得到赞美对他们来说是相当重要的。尽管不是每个孩子都能被看作神童,但每个孩子的潜力都是无限的。孩子在活动中,家长、老师、同学等重要人物对他的评价极其重要,家长、老师的赞美和鼓励性的评价,会让孩子体验到成就感,在赞美声中不断成长、进步。

在父母与孩子的沟通中,恰到好处的赞美是他们之间亲密关系的兴奋剂和润滑剂,父母对孩子的了解、欣赏、赞美、鼓励会增强孩子的自尊自信。每个父母都要允许孩子有不完美的地方,

要学会欣赏孩子的优点,包容孩子的缺点,相信孩子是有能力做到最好的。在这样的激励下,孩子才会越来越听话。

上小学二年级的小何,个性粗暴,难得有安静的时候,不管是在家中或学校,都是个令人头痛的孩子。家中的小何经常挨骂,有时也会被责打。在学校上课时,小何在教室里任意地走来走去,扰乱上课秩序,做自己喜欢的事情,老师若是劝阻他,他就会大吼大叫,阻碍同学上课,结果老师请来了小何的父亲,父亲当场打了小何一耳光。自此之后,小何安静下来一段时间,但不久便故态复萌,甚至变本加厉起来,开始要求同学为他做事,又要求同学回家带东西给他,同学的妈妈几乎每天都会打电话到他家抗议。无论小何到哪位同学家玩,同学们都说:"妈妈不准我跟你一起玩。"

"可能是因为经常骂他,所以才会这样,可是好好跟他说,也没有起到作用……"小何妈妈看来真的不知如何是好,去和班主任老师探讨。班主任老师问妈妈,小何有没有什么优点,妈妈回答,只有轮到清扫工作或当值日生时,他才兴致勃勃。

于是，班主任老师与妈妈想到了能让小何改正缺点的方法。通常清扫工作是别人不太愿意做的，小何却很热心，让小何在家里多帮妈妈的忙，受到家人的赞美，也许是启发他进步最有效的方法。

这么一来，妈妈经常赞美他："小何，你帮妈妈做事，妈妈真高兴。"妈妈不嫌小何有时把事情做坏或碍手碍脚。小何在妈妈的鼓励下继续帮妈妈做事，渐渐地，小何感受到跟别人一起合作的乐趣、被肯定时的愉快、完成工作时的满足，开始服从妈妈的指点。过了一段时间，他改正了很多缺点，而他的每一点进步，班主任老师都给予了赞扬，妈妈更会奖励小何礼物，这更加激励他变得更好。

小何的母亲显然是一位聪明的母亲。中国教育家周宏曾说过："哪怕天下所有人都看不起我们的孩子，我们做父母的也应该眼含热泪地欣赏他、拥抱他、称颂他、赞美他，为他们感到自豪，这才是每个孩子的成才之本。"故事里的母亲正是因为做到了这一点，才促使孩子走上了正确的发展方向。

孩子良好习惯的形成是一个过程。当一种良好行为出现时，父母给予赞美，孩子就会认为父母是认可他这样做的，慢慢地这一良好行为就会成为他的一种习惯。例如，当孩子回答问题正确时，父母对孩子说："宝宝你真棒！"而当孩子不听话时，父母给予适当的冷处理。这样，孩子就知道乖巧、聪明是好的品质，明辨是非，他们才会向父母希望的方向发展。

因此，在孩子的成长过程中，父母应该学会放大孩子的优点，缩小孩子的缺点，要合理运用自己的期待，正确地选择方法，灵活地教育、管理好自己的孩子，要包容孩子身上的缺点和不足，给予孩子源源不断的动力。

爱心指导

经常给予孩子赞美的语言

①当孩子不小心摔倒时，父母可以对孩子说："坚强一点，妈妈会支持你。"并用激励的目光注视孩子，不停地鼓励孩子。

②赞赏孩子时，父母一定要从内心去赞赏，尤其是对于年龄较小的孩子，要经常对孩子说"你真棒！"。当孩子做得好时，父母应该及时地给予表扬，并跷起大拇指，这样孩子就会认为自己是值得父母骄傲的。

③父母赞美和夸奖孩子时，应该重视的是孩子的品质，而不仅仅是孩子的成绩。如果在赞美孩子时，父母只重视他们的成绩，那么，在今后的人生中他会不断地追求成绩，而否定自己的其他方面，由此将会产生许多心理困扰，从而影响孩子的一生。但如果父母欣赏的是他们的品质，他们就会变得更加自信、乐观，同时也会朝着父母希望的方向发展。

④当别人赞美孩子时，父母不要谦虚地说："哪里，我的孩子其实很淘气，你的孩子比他要懂事。"这也许是家长之间的客套话，但在孩子听来却是一种伤害，孩子会很委屈。明智的父母应该这样说："是的，我的孩子确实不错，

> 是的，我的孩子确实不错，他对于他想做的事会很努力，因为他知道我们希望他能够实现自己的梦想。

> 你孩子真懂事！

他对于他想做的事会很努力,因为他知道我们希望他能够实现自己的梦想。"这样的话,才会激励孩子有意识地向好的一面发展。

⑤当我们在表扬孩子时,一定要真诚、要具体,要真心地欣赏孩子。父母不仅要让孩子从自己的言语中听到赞赏,更重要的是让孩子能从自己的眼神、语气以及肢体动作中感受到父母真的非常爱我。多用积极正面的话语和态度去对待孩子,相信孩子会越来越好。

如何正确地赞美孩子

人们常说:"好孩子是夸出来的。"想要让孩子听话懂事,就要对他们的一些良好表现给予肯定和赞美。教育学家们也认为,正确地赞美孩子,有助于培养孩子的自我意识和独立能力。

宝宝真聪明!

同时，赞美也是让孩子的正确行为能够保持下去的良好手段。

每个孩子都是自尊的和好胜的，他们都希望自己能受到父母的肯定与赞扬。这种自尊上进的心理是正常的、健康的。孩子的努力得到了承认，他们的自尊也就得到了满足，就会萌生幸福的体验。这种体验能使孩子更听父母的话，并能够激发孩子采取更加积极的行动，去争取更大的成绩。

但是，如果父母不知道如何正确地赞美孩子，或者赞美的方式不恰当，那么不仅起不到激励孩子的作用，反而还会伤害到孩子。有些家长对孩子的一点进步就赞不绝口，久而久之，必然助长孩子的自满情绪。还有些家长，尽管看见孩子取得了很大进步，但为了防止孩子骄傲自满，也并不给予表扬和称赞，这样又势必会挫伤孩子的进取心。

明智的父母应该用巧妙的方法表扬、赞美孩子，这会对孩子的健康成长起到积极的促进作用。那么，该如何正确地赞美孩子呢？有一位从伦敦访学归国的教授曾讲过这样一件事：

一个周末，我去学校的一位女教授家中做客。刚一进门，就看见女教授家6岁的女儿，兴冲冲地跑来。小女孩有一双美丽的蓝眼睛，满头的金发，让人觉得特别清新靓丽。

女教授叫孩子过来问好，小女孩乖巧地站在妈妈跟前向我打招呼，我把从中国带去的礼物送给了小女孩，小女孩微笑着向我道谢。这时，我情不自禁地夸奖道："你长得真漂亮，真是可爱极了！"

在当时，我认为这种夸奖是中国父母最喜欢的夸奖方式，但是，这位伦敦女教授却并不领情，她在女儿离开后，非常严肃地告诉我:"你刚才伤害了我的女儿,你要向她道歉。"

我非常惊奇地对女教授说:"我刚才只是夸奖了你的女儿,并没有伤害她呀!"女教授对我摇着头,说:"不,你刚才的夸奖是针对她的漂亮而言的,但是漂亮并不是她的努力,这取决于我和她父亲的基因,与她个人的努力是没有关系的。但孩子还小,不会分辨,你这样的夸奖只会让她认为美丽是她的本领,当她认为美丽、漂亮是值得她骄傲的资本时,她就会看不起那些长相平平的孩子了,这就会让孩子走进思想误区。"

女教授认真地注视着我,说:"其实,你要夸奖她,可以夸奖她的微笑和礼貌待人,这是她自己努力的成果,而这种行为也是值得表扬的。"女教授耸了耸肩,说:"所以,请你为刚才不适当的夸奖,向我的女儿道歉。"

我考虑了一下之后,很正式地向女教授的女儿道了歉,同时,赞美了孩子的微笑和有礼貌。

这位伦敦女教授说得很对,她懂得哪些赞美是有益于孩子成长的,哪些赞美是无益于孩子成长的,所以才会让不懂得如何赞

美孩子的中国教授向她的孩子道歉，让他纠正孩子错误的想法。赞美孩子的方式有很多种，如外在赞美和内在赞美，定时赞美和不定时赞美，即时赞美和延缓赞美……赞美要根据孩子的年龄、兴趣、爱好、动机、家庭条件等一系列因素来进行。正确的赞美是父母对孩子行为的一种肯定，如雨露般滋润着孩子们幼小的心田，只有这种恰到好处的赞美，才能收到使孩子进步的效果，才能达到教育孩子的最终目的。

爱心指导

正确赞美孩子的方式

①对孩子的夸奖必须是真心实意的，是对其具体行为的赞美。如果只是虚情假意地说"你真聪明""你真棒"，孩子听了以后会很茫然，不知道自己到底好在哪里，也不知道自己怎样才能变得更好。而且对于已经有了思考能力和判断能力的孩子来说，他们会觉得父母的话很虚伪，因而父母

> 我儿子画的太阳真好。

的这种表扬不会起到太大的作用。

②对孩子的赞美一定要具体。当孩子完成某件事时,父母就应该针对这件事给予适当的赞美和鼓励,切忌空泛地赞美孩子。

③当父母在表扬孩子时,赞美的话一定要有原则性,不要对孩子的各种行为都进行表扬,要让孩子知道赞美不是轻易能获得的,赞美是要通过努力才能得来的。

④当孩子犯错时,父母不要假意赞美或迁就孩子,否则就会养成孩子是非不分、骄横跋扈的坏习惯。

⑤针对孩子的具体表现进行表扬,而不是表扬孩子与生俱来的先天优势。要让孩子增强辨别是非的能力,明白自己的哪些行为会得到父母的赞赏。也只有这样的赞美,才能激励孩子通过努力换取父母的再次赞美。

警惕过度的赞美

孩子是需要赞美的，随着年龄的增长，父母对孩子采取赏识教育是非常必要的，这样不仅可以激励孩子向积极的一面发展，同时也能促使孩子逐渐树立起良好的人生态度。但赞美也要有节制、有原则、有具体目标。一味过度地赞美，只会让孩子变得骄傲，更加不听话。

要知道，赞美不是万能的，"相信每个孩子都是天才"绝不等于"每个孩子都是天才"。无限制地对孩子的一切方面进行赞美，会使孩子满足于赞美提供给他的梦幻，而不愿面对现实。例如，当他们做某一件事时，父母发现一点进展就开始为孩子喝彩，不停地表扬孩子"你真棒，做得很好"，那么孩子很可能认为自己只要这样做就会得到赞美，因而对这件事就会浅尝

辄止。

此外，过度的赞美只会让孩子养成因为表现良好就期待奖赏和刺激的习惯，在他们做每件事时，都会念念不忘表扬，对父母的赞美产生依赖性，如果得不到赞美，他们便没有信心再把事做下去。

小军的妈妈觉得邻家的孩子乖巧听话，而小军真是无从比起。其中的奥秘是邻居家教育孩子实施奖赏制度：凡是达到标准，就有奖励。

妈妈知道这一招后，马上回家实施，"考试一百有奖""作业优秀有奖""对人有礼貌有奖""自己整理房间有奖""做家务有奖"……每集满15张卡可以买玩具车，30张可以去肯德基，50张可以出去郊游。

瞧，妈妈制定的奖励制度是多么完善，小军的确改变不少，遇到老师、同学，他能够做到打招呼，作业也认真写，还经常帮助做家务。

在奖励的诱惑下，小军渐渐地拒绝做有"奖"之外的任

何事情。如妈妈请小军帮忙倒垃圾,小军会说:"有什么奖品?"妈妈要他再一次复习功课,他却理直气壮地说:"没奖品我不干!"

上述案例中,妈妈过度使用奖品鼓励孩子,造成了孩子的被动心态,导致走向相反的教育目的。人贵在有自知之明,但如果父母把对孩子的赞美当作"家常便饭",无论孩子做了什么事父母都赞美,那么孩子便会丧失自我学习、自我评价、自我调节的能力,不能精确剖析自己,这样很容易使孩子失去自我。

曾有位教育家说过:"如果没有标准,没有明确的教育指向,一味地赞美,就会演变为一种'精神鸦片',而现实世界是不可能永远提供给孩子这种鸦片的。"所以,父母应该警惕对孩子进行过度的赞美。

爱心指导

改变过度赞美的方法

①在孩子面前,父母应该尽量少用奖励,尤其是物质奖励诱惑孩子,要让孩子从自己的意愿、兴趣中获取前进的动力,而不是从外在的诱惑中取得。

②当赞美孩子时,父母要鼓励孩子自己表扬自己,指出他们做得正确的事,然后提醒他们从内心赞美自己。例如,孩子做了错事后主动承认错误,这时,父母可以告诉他:"你这样做需要非常大的勇气,你应该自己对自己说:'我

做了一件正确的事、一件了不起的事。'"

> 你这样做需要非常大的勇气,你应该自己对自己说:"我做了一件正确的事、一件了不起的事。"

③父母应该强化孩子的自我激励,把孩子对自我的肯定稳定下来,并加以强化,这样孩子就可以从中领会到:自己的努力和良好的行为便是一种很好的奖赏。

④在赞美孩子时,父母要改变赞美孩子的用语和方式,尽量把"我"改成"你",把父母对孩子的表扬,改成孩子对自己的表扬。例如,把"你今天这么用功,我真为你感到骄傲"改成"你今天这么用功,你一定要为自己感到骄傲"。这样不但可以激励孩子更加努力,也可以使孩子不再依赖父母的表扬而去做某件事。

⑤当你在对孩子进行赞美时,一定要知道过度赞美的弊端,对孩子的赞美一定要恰如其分、公平、精确,切忌过度夸大,要针对孩子努力的成果进行赞美,要让孩子清晰地体会到自己为什么会得到你的表扬。

⑥父母在赞美孩子时,还要把握火候,要适可而止,不

能过于频繁、过于冗长，可以使用一个坚定的眼神、一个鼓励的拥抱，这对孩子来说也是最真切的奖励。

巧妙使用激将法

俗话说："劝将不如激将。"激将法是人们熟悉的计谋形式，既可用于己，也可用于友，还可用于敌。但是，不同使用情况其目的却不相同：用于己可以增强己方将士的杀敌激情；用于敌可以激怒敌人，使其丧失理智，做出错误的举措；而用于友，则可以坚定盟友之间的决心。

其实，在教育孩子时，适当地运用激将法来鼓励孩子，也是一个非常不错的方法。激将法是在给予孩子鼓励时，利用孩子的自尊心和好胜心理的积极面，对他们进行刺激，在一种不服气的情绪引导下，使孩子产生一种奋发进取的内驱力，将自己的潜能充分地发挥出来，从而使孩子按照父母的真实意图去做事，间接起到了让孩子听话的作用。

小兵今年8岁了，非常喜欢看动画片，只要一有时间就打开电视，津津有味地看起来。

周末，妈妈要进行大扫除，于是就把全家的脏衣服都放进了洗衣机，洗衣机"嗡嗡"地转了起来。这时，小兵正在津津有味地看动画片，听见洗衣机响了，他便跑到妈妈身边，噘着小嘴说："妈妈，洗衣机声音太响了，我看不了动画片了。"

妈妈说："宝贝，妈妈今天需要大扫除，如果你想让妈妈早点把洗衣机关掉，那你就帮妈妈把地扫一下吧！"

小兵不太愿意地说："嗯，我还是看动画片去吧，你自己扫吧！"说完，赶紧溜回客厅了。

妈妈对小兵喊道："宝贝，你看妈妈都快忙不过来了，你赶紧来帮一下呀！"

无奈，小兵只好放下正在看的动画片，帮妈妈扫地了。结果，小兵并没有认真地扫，而是一边看着动画片，一边漫不经心地扫着地，扫两下看两眼，有时还比画两下，结果地上的脏东西被小兵扫得到处都是，地板跟没扫前一样地脏。不一会儿，妈妈的衣服洗得差不多了，就进屋去收拾房子，这时妈妈才发现孩子并没有扫地，而是拿着扫把，眼睛还盯着动画片呢！妈妈有点生气，但是聪明的妈妈并没有显示出生气的样子。

妈妈走到孩子身边，故意重重地坐在沙发上，大声叹息道："唉，小兵啊，妈妈真替你发愁。"小兵回过神来，马上认真地扫了起来，边扫边问妈妈："为什么替我发愁呀？"

妈妈对着小兵严肃地说："你看你，连扫地都不会，以后还能做什么事情？我怕妈妈死后，你会很可怜的。"

小兵一听，皱着眉头答道："我的妈妈不会死的。"然后急着对妈妈说："妈妈，其实不是我不会扫，只是动画片太好看了，弄得我没有专心扫。"听了这话，妈妈不屑地看了孩子一眼，说："是这样的吗？你看看你刚扫地的样子，我才不信你能把地扫干净呢！"

小兵听了这话，有点急了："你不信是吗？那我就扫给你看，我今天一定要比妈妈扫得干净，妈妈你看着吧！"小兵拿起遥控器把电视关了，开始认认真真地扫起地来，他仔细地扫着房间的每个角落，花了好大工夫才把地扫完，还陪着妈妈去阳台

晾晒了许多衣服。妈妈看见儿子这么听话，对小兵称赞道："宝贝，原来你这么能干啊，妈妈怎么没看出来。嗯，看来是你以前太懒了。"听了妈妈的话，小兵调皮地吐了吐舌头，钻进屋子去了。

在故事里，小兵的妈妈很聪明，她巧妙地运用了激将法，促使孩子开始认真做事。这样不仅让孩子能够非常听话地做家长吩咐做的事，而且也激励孩子以后勤于劳动，学会自立。但是，不是所有事情用激将法都能取得好的效果，如果使用不对，很有可能挫伤孩子的积极性，伤害孩子的自尊心，使孩子变得不听话，影响孩子与父母的沟通。

夏利原本是个很乖巧的孩子，但是最近他却越来越不想听大人们说的话了，有时甚至连家也不想回，原因就是夏利不喜欢爸爸妈妈总对自己使用激将法。例如，本来是想让孩子多吃一点菜，妈妈却不直接对他说："儿子，多吃点菜。"而是对夏利说："不想吃就别吃了，反正吃了，你也长不高。"这样的话让夏利一听就很失落，好像感觉不听他们的就是错，听他们的又感觉自己好懦弱，真的不知如何才能让父母停止使用这种激将法。

虽然夏利知道父母是为了自己好，是想刺激自己努力而故意说的气话，但是心里却非常反感父母这样做，有时甚至故意顶撞说："你说的对，反正我学习不好，那我就不上学了，现在你满意了吧！"

显然，这种不友好的激将法，只会让孩子反感。其实，在现实生活中，家长对孩子使用激将法，是为了激励孩子，而不是为了激怒和打击孩子，所以在使用激将法时，父母一定要注意语言和当时的具体环境，要使用巧妙的方法刺激孩子，注意把握分寸，给孩子留足面子，这样才能使孩子获得鼓励。

一个人能力是有限的，但是潜能却是巨大的。父母应该在日常生活中教育孩子树立远大的志向，敢于挑战自我、超越自我。父母可以对孩子说"为什么别人能做到，你却不能呢？""我就不相信你不能改正缺点"等话语，让孩子产生一股不服输的心理，从而下定决心挑战自我。就算孩子识破了父母激将的心理，父母也不用不好意思，微笑着承认反而会促进亲子关系。

爱心指导

使用激将法的禁忌

①当父母希望孩子做什么，但并不了解孩子的想法时，不要用激将法激励孩子，这样只会让孩子感觉父母在干涉他的自由，屈服在父母的威严下，他会很不自在的。

②当父母想用激将法激励孩子时，一定不要用生气的语气跟孩子说话，这样孩子不仅不会按父母说的做，而且会很反感父母使用激将法。

③当孩子心情低落时,不要对他使用激将法,因为孩子这时最需要的是父母的安慰和鼓励,而不是正话反说。

④在使用激将法时,不要采用过于打击孩子的语言,以免刺激孩子的自尊心,要顾及孩子的面子。

⑤当父母希望孩子帮忙做事,而孩子会做却不愿做时,如果发现孩子情绪比较稳定,父母可以假意对孩子保持不信任感,这样孩子的情绪就容易被父母的话语激怒,因为孩子会想:"你凭什么不信任我,我一定要用行动证明给你看。"

安抚孩子的消极情绪

现实生活中,并非只有成年人才有消极情绪,孩子也会有,只是他们没有成年人那样复杂的感情。有时他们会因为害怕,而感到孤单寂寞;有时他们会因为与同学之间的小小争吵,而感到烦心低沉;甚至有时无意间发现自己养的动物受了伤,而感到伤心难过……假如内心的委屈得不到及时的宣泄,孩子就会变得情绪低落、郁郁寡欢、心情压抑。

所以,父母不要以为孩子小,就没有什么让他们产生消极情绪的事。明智的父母应当在孩子出现消极情绪时,及时地安抚孩子受伤的心灵,帮助他们及时地宣泄这些不良情绪。如果父母能够帮助孩子宣泄掉不良情绪,使他们的心情好起来,他们自然就会更加听父母的话。

一天,小环放学回家,眼睛哭得红红的,爸爸一见就心疼地问:"我的宝贝女儿,怎么了,快给爸爸说说,今天谁欺负你了?爸爸去找他算账。"小环抽泣着告诉爸爸,今天课间活动的时候,她不小心把排球打在了一个外班同学的头上,结果放学回家的时候,那个女孩竟然纠集了好几个高年级同学拦住了她,不许她回家,而且还打了她。

爸爸一听就生气了,气冲冲地说:"这些孩子怎么这么欺负人,我的女儿不能受欺负,明天爸爸一定去修理那个女孩。"

第二天,小环的爸爸真的在校门口拦住那个女孩,先是伸手打了人家小姑娘,并且警告那个女孩:"以后不准这么欺负人!"结果,没过几天,法院的人找到了小环的爸爸,说他伤害未成年人,那个女孩的爸爸起诉了他。

这本来是两个孩子之间的一点小摩擦,最后却闹上了法院,搞成了两个父亲之间的一场官司,这样不仅影响了孩子正常的学习、生活,而且也没能及时安抚两个孩子内心的消极情绪。

其实,要安抚孩子的消极情绪,并不是让家长干扰孩子的正常生活、学习，而是当孩子受到委屈，或有了其他消极情绪时，给予孩子最大的支持和鼓励，让孩子感到自己不孤单，及时地疏导孩子心中的委屈、烦恼、压力。当这些不良情绪被纾解开时，孩子自然就会像往日一样快乐地生活。

　　平平上学后的第一次期末考试日益临近，虽然算不上什么大考试，但是平平却显得特别紧张，这几天都很少笑，每天带着一脸的倦容，坐在书桌前温习功课。平平的妈妈看见女儿这样，感觉应该让女儿放松一下心情，于是她决定每天早晨起来带女儿去晨练。

　　这天，刚好是星期五晚上，妈妈走进平平的房间，对平平说："平平，妈妈看你这几天精神好像很疲倦，明早带你去南湖公园晨练吧！早晨外面的空气很清新，多做做有氧活动，可以让你学习起来更有精神。"平平一听，感觉妈妈的提议挺好，于是便说："好吧，我去，妈妈明早叫我吧！"妈妈点了点头。

　　第二天清晨，妈妈慢慢地走进女儿的房间，和平时一样，轻轻地把睡梦中的女儿唤醒，让平平穿好衣服，梳洗了一下，母女二人走出了家门。

　　来到公园，妈妈一边伸展着四肢，一边让平平照着自己的样子活动一下，接着母女二人开始慢跑。妈妈边跑边对平平说："慢跑，有助于你吸收更多的氧气。"慢跑之后，妈妈又让女儿放声大笑，多想一些快乐的事，平平并不知道为什么要大笑，但还是按妈妈说的做了。妈妈一边微笑，一边对女儿说："平平，这样大笑可以让你身心得到真正的放松，也可以使你变得更加快乐。"

在回家的路上，平平问妈妈："为什么刚才您让我大笑呢？"妈妈笑着说："因为妈妈知道你快期末考试了，心理压力很大，虽然妈妈经常劝你，不管考好考坏，只要你尽力就好，但是妈妈知道你自己希望能考全班第一名，所以每天都在不停地努力，生怕自己落后于别人。所以妈妈就想带你晨练，并且用大笑这种方式，缓解你的压力。"

听完妈妈说的话，平平感动得一时不知道说什么才好，便一把抱住了妈妈，一股暖流冲击着孩子的内心。过了一会儿平平哭着对妈妈说："谢谢，妈妈！谢谢您为我做的一切。"

平平的妈妈非常善解人意，她意识到孩子内心的压力过大，已经产生焦虑情绪，如果不及时安抚、疏导这些消极情绪，很容易影响孩子的考试成绩，如果考不好，平平的内心就会受到伤害，这样也就无法让孩子快乐成长了。所以，聪明的妈妈在晨练时不仅与女儿一起锻炼身体，而且与女儿谈心，让女儿的身心都得到了安抚。

> 爱心指导

帮助孩子宣泄消极情绪

①当孩子感觉委屈时,父母可以让孩子适当地哭一场,让孩子发泄心中的不良情绪,等孩子哭累的时候,父母要用温和的语言,让孩子慢慢平静下来,并引导孩子说出他的心里话,然后要激励孩子,让孩子振作精神,勇敢地面对发生的事。

②如果孩子一时不愿意说出自己的心里话,父母可以采取与孩子随便聊聊,或是建议孩子去找好朋友聊聊天等方式,让孩子及时地把积郁在心里的消极情绪发泄出来,然后再和孩子谈心,讲述自己曾经面对的挑战,告诉孩子自己当时是怎么处理的,让孩子汲取一些经验教训。

③当父母发现孩子心理压力非常大时,不妨主动带孩子去唱歌或锻炼身体,这样可以缓解孩子紧张的情绪,而且也可以使孩子低落的心情慢慢振作起来。

④当孩子有消极情绪时，父母不应该急着追问孩子："到底怎么回事？谁欺负你了？老师怎么说？"而是应该心平气和地听听孩子倾诉。在孩子倾诉的过程中，不要打断孩子发表自己的评论，因为叙述的过程，也是一个自我分析的过程。父母可以听孩子讲述完后，再帮孩子分析，帮孩子做出正确的判断，然后对孩子加以宽慰。

⑤父母一定要重视对孩子消极情绪的安抚。当孩子受了委屈时，能够将不快宣泄出来是件好事。可以让孩子适度哭闹，来宣泄自己的情绪，等他平静下来之后，再和他好好聊聊，设法让他说出发生了什么事。只有让孩子心情舒展开了，他才会有信心和勇气面对学习、生活。

有效的"冷处理法"

冷处理法是一种工业用语,专门指淬火之后的冷却处理。在与人交往中,有效的冷处理法是指通过冷静的办法,使用不闻不问、不理睬的态度,低调处理一些事情,以拒绝他人或回绝他人所说的话。教育孩子也可以采取"冷处理法",这里实质上是指一种感化教育,即引导孩子自我反省,激发孩子自尊与自爱的教育方式。

年幼的孩子经常会出现一些错误的行为,如说脏话、做鬼脸等,其实这并不代表孩子的道德出现了问题,而是孩子受到外界环境的影响,模仿他人的行为而出现的不良行为。在这种情况下,大多数父母可能都会大声地斥责或批评孩子,但是这样无疑给了孩子一个负面强化的信号,他不仅不会听从父母的话,反而

会越来越喜欢重复这种错误行为,因为很多孩子觉得自己的不良行为引起了父母对他的关注。

但是,如果父母使用"冷处理法",保持沉默,不理睬孩子,那么孩子在这种不良行为中就无法获得关注,他们自然就会停止自己的错误行为。

小雨是一个非常活泼的孩子,一次,妈妈从幼儿园接她回家,刚见到妈妈,小雨就对妈妈笑着说:"妈妈傻!"妈妈一听就上火了,心想这孩子小小年纪怎么不学好,竟然学会骂人了。但转念一想,小雨今年才3岁,可能她并不知道自己所说的话是骂人的意思,如果自己对孩子发火,可能孩子就会知道这是一句骂人的话,以后就不好让她改了,于是,妈妈假装没听见。

到了家,刚好看见爸爸正在厨房里做饭,妈妈让小雨独自在客厅里玩,自己进了厨房,并对爸爸说了刚才接女儿时发生的事,并嘱咐爸爸,如果小雨对他说同样的话,千万不要有关注性的回应,小雨的爸爸答应了。

吃晚饭时,小雨本来吃得好好的,突然对着爸爸说:"爸爸傻!"爸爸装作若无其事的样子,说:"多吃点饭,可以长得高一点。"小雨见爸爸并不搭理她,只好埋头吃饭了。

后来的一段时间里,小雨时不时地还会对爸爸妈妈说同样的话,但父母并不理睬孩子,更不会斥责孩子,渐渐地小雨把这句话就忘记了。

案例中,妈妈对小雨说脏话的不良行为使用了"冷处理法",让孩子感觉到没人关注自己的行为,久而久之她也就忘记了这种行为。可见,这种"冷处理"的效果要比训斥孩子好得多。

其实,教育孩子时,适时地运用"冷处理法",有时可能比打骂、批评效果要好得多。因为当孩子开始认知时,已经能分辨好事、坏事了,自己要是做错了事,也知道会受到大人的责骂。如果这时受到了责骂,他就会认为与自己预期的一样,反而使孩子心里放下一块石头,这样会激起孩子的兴趣。如果采用"冷处理法",孩子就觉得自己的做法没有什么新鲜的,不会受到太多的关注,时间一长,孩子可能就把这件事忘记了,而且很可能是彻底忘记了。

第十章 听话的孩子是激励出来的

因此，当孩子犯错时，父母不妨先不要着急上火地训斥、批评孩子，可以对他们保持沉默，采用"冷处理法"。

爱心指导

适时使用"冷处理法"

①对于一些任性的孩子，父母可以采取暂时让步或置之不理的办法，消除孩子的逆反行为。例如，当孩子不愿洗脚非要玩玩具时，父母可以温和地告诉孩子："玩一会儿吧，不要太久，等水不烫了再洗脚！"接着可以给孩子讲一些讲究卫生的小故事以吸引孩子，让孩子受到启发，这样孩子就会主动去洗脚了。

②当孩子犯了非常严重的错误时，或者父母怎么劝说孩子都不听的时候，父母可以采用不予理睬的方法。压制自己的怒火，不理会孩子的要求，带孩子去一个比较安全的地

方，然后让孩子独自待在一个房间里，任他哭闹，等他平静下来之后，再与他谈心，让他认识到自己的错误，并主动承认错误。

北京盛世卓杰文化传媒
——精英思想，全球发声

作为备受全球顶尖精英青睐的出版平台，北京盛世卓杰文化传媒有限公司深度聚焦经济管理、财经、互联网、心理励志、家庭教育及名人传记等领域。秉持"思想 + 故事 + 影响力"的核心理念，致力于镌刻智慧，为时代留存下掷地有声的精神财富。

我们拒绝"流水线生产"，以"内容+设计+传播"三位一体模式，凭借创造性内容，助力名流大咖成就巅峰之作，精心雕琢可商业化的专属 IP。以创新独步的"产品设计 + 创作辅导"定制出版模式，成为众多高手名作背后的智慧引擎，被尊为幕后策划智囊。我们的使命是：让大咖创造成果普惠世界。

我们秉持"成就大师经典，而非普通出版；塑造传世精品，而非快消印品；服务少数巨擘，而非大众作者"的出版策划价值主张，诚邀携手，共铸辉煌。

一本书足以让您的名字刻进时代，只要您有想法，剩下的，我们全力托举！

为什么一定要选择北京盛世卓杰文化传媒

● 精英专属，量身定制

深耕企业家、培训师、明星大咖、学者等高端圈层，打造与身份匹配的深度内容，拒绝平庸，只做值得流传的作品。

● 数据见证实力

合作1100+精英，出版1600+部作品——每一本书，都是影响力的里程碑！

● 全链服务，精准触达

从选题策划到营销发行，一站式解决策划、设计、营销难题，让您的思想直达百万读者，抢占行业话语权！

关注盛世卓杰，开启属于您的传奇

出版咨询：400-6555045
投稿邮箱：465722749@qq.com